Cotta's Bibliothek der Moderne

53

G. K. CHESTERTON
DAS GOLD IN DER GOSSE
PLÄDOYERS

**Cotta's Bibliothek
der Moderne**

Verlagsgemeinschaft Ernst Klett Verlag –
J. G. Cotta'sche Buchhandlung

Das englische Original erschien erstmals 1901
unter dem Titel »The Defendant«
Der vorliegenden Übersetzung liegt die erweiterte
Ausgabe von 1914 zugrunde (London, J. M. Dent & Sons).
Über alle Rechte an dieser Ausgabe verfügt
die Ernst Klett Verlage GmbH u. Co. KG, Stuttgart
Satz: Steffen Hahn, Kornwestheim
Druck: Wilhelm Röck, Weinsberg
Einband: G. Lachenmaier, Reutlingen

CIP-Kurztitelaufnahme der Deutschen Bibliothek
Chesterton, Gilbert Keith:
Das Gold in der Gosse: Plädoyers / G. K. Chesterton.
[Aus d. Engl. übers. von Joachim Kalka]. –
Stuttgart: Klett-Cotta, 1986.
(Cotta's Bibliothek der Moderne; 53)
Einheitssacht.: The defendant <dt.>
ISBN 3-608-95394-9
NE: GT

I N H A L T

EINFÜHRUNG

Manchmal im endlosen Hochland, einem Hochland wie einer vom Schwindel ergriffenen weiten Ebene, an Hängen, welche der bloßen Vorstellung widersprechen, es könne so etwas wie eine ebene Fläche geben, Abhängen, die uns allen klarmachen, daß wir auf einem Planeten mit einem abschüssigen Dach leben, stößt man auf ein ganzes Tal voller einzelner Felsen und Steinbrocken, so groß wie losgerissene Berge. Man meint, vor einem wieder zerschmetterten und verworfenen Schöpfungsversuch zu stehen. Oft fällt es schwer, sich vorzustellen, daß dieser kosmische Abfall anders als von Menschenhand zusammengebracht worden sein soll. Die schwächlichste, städtischste Phantasie stellt sich den Ort als Schauplatz eines Kriegs unter Riesen vor. Und für mich verbindet er sich immer mit einer Idee, die beharrlich wiederkehrt und am Ende selbstverständlich wirkt. Hier war es, wo ein vorzeitlicher Prophet gesteinigt wurde, ein Prophet, so ungleich riesenhafter als jene, die nach ihm kamen, wie die Felsen größer sind als Kiesel. Er sprach ein paar Worte – Worte, die schändlich schienen und furchterregend –, und in Panik begrub ihn die Welt unter einer Steinwildnis. Der Ort ist das Monument einer uralten Angst.

Gingen wir dieser Phantasie nach, so fiele es schon schwerer, sich vorzustellen, welch entsetzliche Deutung, welch wildes Bild vom Universum diese archaische Verfolgung auf sich zog, welches Geheimnis, welcher ungeheure Gedanke unter der brutalen Last der Steine verschüttet liegt. Denn in unserer Zeit sind alle Blasphemien schäbig und fadenscheinig. Der Pessimismus ist nun ganz offensichtlich (was er seinem Wesen nach immer war) etwas viel Gewöhnlicheres als die

Frömmigkeit. Flüche sind nicht einmal mehr Versuche der Provokation, es sind Gemeinplätze. Gott zu verfluchen, ist Übungsstück 1 in der Fibel der Anthologielyriker. Sicherlich waren es nicht solch feierliche Infantilitäten, derentwegen unser imaginärer Prophet am Morgen der Welt gesteinigt wurde. Wägen wir das Problem auf der niemals trügenden Waage der Phantasie, betrachten wir den wirklichen Entwicklungsgang der Menschheit, so kommen wir darauf, daß er höchstwahrscheinlich gesteinigt wurde, weil er sagte, das Gras sei grün und im Frühling sängen die Vögel. Denn die Mission aller Propheten von Anbeginn war nicht so sehr, Höllen und Himmel aufzuzeigen, als mit dem Finger auf die Erde zu deuten.

Die Religion mußte uns mit dem längsten und seltsamsten Fernglas versehen – dem Teleskop, durch welches wir den Stern erkennen konnten, auf dem wir hausen. Für das Hirn und für die Augen des durchschnittlichen Menschen ist diese Welt verschollen wie der Garten Eden und versunken wie Atlantis. Durch die gesamte menschliche Geschichte zieht sich ein merkwürdiges Gesetz: Daß die Menschen stets dazu neigen, ihre Umgebung zu gering zu schätzen, ihr Glück zu gering, sich selbst zu gering. Die große Sünde des Menschen, die Sünde, die in Adams Fall ihr Exempel hat, ist der Hang nicht zum Stolze, sondern zu jener bizarren und fürchterlichen Demut.

Das ist der große Sündenfall, der Fall, in welchem der Fisch das Meer vergißt, der Ochse die Wiese, der Buchhalter die City, jeder Mensch seine Umgebung und – im tiefsten und buchstäblichsten Sinne – sich selbst. Dies ist der wahre Fall Adams, und er ist geistiger Natur. Seltsam, daß viele wirklich geistigen Menschen (General Gordon beispielsweise) tatsächlich einige Zeit damit verbracht haben, Vermutungen

8

über den genauen Ort des Paradieses anzustellen. Höchstwahrscheinlich sind wir noch immer im Garten Eden. Unsere Augen sind's, die sich verändert haben.

Der Pessimist gilt gemeinhin als der Mensch der Revolte. Er ist es nicht. Zunächst, weil es zur Fortsetzung einer Revolte eines gewissen Maßes an Fröhlichkeit bedarf, sodann, weil der Pessimismus an die Schwäche aller Menschen appelliert und sein Geschäft deshalb ebenso floriert wie das des Schankwirts. Wer wirklich revoltiert, ist der Optimist, der allgemein in dem verzweifelten und selbstmörderischen Versuch lebt und stirbt, all die anderen Menschen davon zu überzeugen, wie gut sie sind. Hundertemal hat man den Beweis erbracht, daß es, will man die Leute wirklich erzürnen und sie in Wut versetzen, Wut, die am Ende den Tod sucht, kein besseres Mittel gibt, als ihnen zu sagen, sie seien alle die Kinder Gottes. Christus wurde, wie man sich vielleicht erinnert, nicht wegen einer Äußerung über Gott ans Kreuz geschlagen, sondern weil man ihm vorwarf, er habe behauptet, ein Mensch könne in drei Tagen den Tempel einreißen und wieder aufbauen. Alle großen Revolutionäre von Jesaja bis Shelley sind Optimisten gewesen. Sie waren nicht über die Schlechtigkeit der menschlichen Existenz empört, sondern darüber, wie langsam die Menschen der Güte des Lebens innewerden. Der Prophet, der gesteinigt wird, ist kein Querulant, kein Aufwiegler. Er ist ein zurückgewiesener Liebhaber. Er leidet an einer unerwiderten Neigung zu den Dingen im allgemeinen.

Es wird folglich immer klarer, daß sich die Welt in der ständigen Gefahr befindet, falsch beurteilt und verurteilt zu werden. Daß das keine bizarre, mystische Idee ist, läßt sich an einfachen Beispielen erweisen. Die zwei absoluten, grundlegenden Wörter »gut« und »schlecht«, welche zwei

9

ursprüngliche und unerklärliche Empfindungen bezeichnen, werden nicht – und wurden nie – richtig gebraucht. Schlechte Dinge werden von denen, welche sie erfahren, nicht als gut bezeichnet, doch gute Dinge heißen nach dem einhelligen Urteil der Menschheit: schlecht.

Um das ein wenig zu erläutern: Gewisse Dinge sind in sich schlecht, der Schmerz etwa, und niemand, nicht einmal ein Verrückter, würde von einem guten Zahnweh reden. Doch ein Messer, das mühsam und schwer schneidet, nennt man ein schlechtes Messer, was es gewiß nicht ist. Es ist nur nicht so gut wie andere Messer, an welche sich die Menschen gewöhnt haben. Ein Messer ist nie schlecht, außer bei den seltenen Anlässen, wo es einem säuberlich und mit wissenschaftlicher Genauigkeit mitten in den Rücken gestochen wird. Das gröbste und stumpfste Messer, an dem je ein Bleistift abgebrochen ist, anstatt sich zu schärfen, ist insofern ein gutes Ding, als es ein Messer ist. In der Steinzeit wäre es als Wunder erschienen. Was wir ein schlechtes Messer nennen, ist ein Messer, nicht gut genug für uns; was wir einen schlechten Hut nennen, ist ein Hut, nicht gut genug für uns; was wir schlechte Küche nennen, ist Essen, nicht gut genug für uns; wenn wir die Gesellschaft schlecht nennen, heißt das, sie ist nicht gut genug für uns. Wir können den größten Teil der Menschheitsgeschichte schlecht nennen, nicht weil er schlecht gewesen wäre, sondern weil wir besser sind. Das ist ein offensichtlich unfaires Prinzip. Elfenbein ist nicht so weiß wie Schnee, doch die ganze Arktis macht Elfenbein nicht schwarz.

So ist es mir also unfair vorgekommen, daß die Menschen ständig all die Dinge schlecht nennen, die gut genug waren, andere Dinge besser zu machen; daß sie ständig mit einem Tritt die Leiter fortstoßen, auf der sie emporgestiegen sind.

Ich sehe den Fortschritt nun doch als etwas anderes als einen permanenten Vatermord, und deshalb habe ich die Müllhalden der Menschheit durchsucht, und in allen habe ich Schätze entdeckt. Ich habe herausgefunden, daß die Menschheit nicht nur nebenbei, sondern schon immer und mit Bedacht das Gold in die Gosse wirft und die Diamanten ins Meer. Ich habe entdeckt, daß jedermann dazu neigt, das grüne Blatt des Baumes als etwas weniger grün zu bezeichnen, als es wahrhaftig ist, und den Schnee zu Weihnachten als ein klein wenig dunkler. Deshalb stelle ich mir vor, daß die Hauptaufgabe, die sich einem Mann nun stellt, und sei er noch so gering, Verteidigung ist. Und es scheint mir, daß solche Plädoyers vor allem notwendig werden, wenn die weltlichen Menschen die Welt verachten – daß der Auftritt des Verteidigers an jenem furchtbaren Tag nicht unangemessen gewesen wäre, als die Sonne sich verfinsterte über dem Kalvarienberg und die Menschen den Menschensohn von sich wiesen.

VERTEIDIGUNG
DES SCHUNDROMANS

Zu den seltsamsten Beispielen für das Ausmaß, bis zu welchem das Alltagsleben unterschätzt wird, gehört die populäre Literatur, deren Riesenmasse wir selbstzufrieden als vulgär zu bezeichnen pflegen. Die Schundheftchen der Knaben mögen in literarischer Hinsicht ignorant sein – was nicht mehr und nicht weniger bedeutet, als wenn man sagte, der moderne Roman sei in chemischer Hinsicht ignorant oder in ökonomischer oder astronomischer. Aber sie sind nicht in sich vulgär: Sie bilden den Mittelpunkt einer Million lodernder Tagträume.

In früheren Jahrhunderten ignorierte die gebildete Schicht die große Masse der vulgären Literatur. Man ignorierte sie und deshalb verachtete man sie strenggenommen auch nicht. Schlichte Ignoranz und Gleichgültigkeit bläht den Menschen nicht mit Stolz auf. Es stolziert keiner die Straße hinab und streicht sich hochmütig den Schnurrbart beim Gedanken an seine Überlegenheit über bestimmte Tiefseefische. Aus ähnlichen Gründen ließen die Gelehrten alter Zeiten die Unterwelt populärer Literaturschöpfung im Dunkeln liegen.

Heute jedoch haben wir dieses Prinzip umgekehrt. Wir verachten vulgäre Literatur und ignorieren sie nicht mehr. Wir laufen Gefahr, beim eifrigen Studium eines schäbigen Gegenstandes selbst schäbig zu werden – wie nach einem schrecklichen Gesetz der Circe, daß die Seele, die sich mit allzu bedeutsamer Geste hinunterbeugt, um sich etwas Niedriges genau anzusehen, sich nicht mehr aufrichtet. Über keine Form vulgärer Texte herrscht im Augenblick größere

Übertreibung und lächerlicheres Mißverständnis als über die Jugendliteratur unterster Sorte. Dergleichen Schrifttum hat es wohl immer gegeben und muß es auch geben. Es beansprucht ebensowenig, gute Literatur zu sein, wie die Gespräche seiner Leser grandiose Rhetorik oder ihre billigen Pensionen und Wohnblöcke architektonische Meisterwerke sein sollen. Aber die Menschen brauchen das Gespräch, sie brauchen Häuser und sie brauchen Geschichten. Das einfache Bedürfnis nach einer Art Idealwelt, in der fiktive Personen sich ungehemmt bewegen können, ist unendlich tiefer und älter als die Regeln der Kunst und sehr viel wichtiger. Jeder von uns hat sich das Personal solcher Dramen in der Kindheit ausgedacht, aber unseren Kindermädchen kam es nicht in den Sinn, diese Schöpfungen durch einen systematischen Vergleich mit Balzac zu kritisieren. Im Orient geht der berufsmäßige Geschichtenerzähler von Dorf zu Dorf mit einem kleinen Teppich; ich wünschte aufrichtig, daß jemand genügend Mut und Verantwortlichkeit besäße, einen solchen Teppich am Ludgate Circus auszubreiten und darauf Platz zu nehmen. Es ist aber unwahrscheinlich, daß alle Geschichten des Teppichträgers Kleinodien origineller künstlerischer Meisterschaft sein werden. Literatur und Fiktion sind etwas völlig Verschiedenes: Die Literatur ist ein Luxus, das Geschichtenerzählen eine Notwendigkeit. Ein Kunstwerk kann kaum je zu kurz sein, denn sein Verdienst liegt in seiner Klimax. Eine Geschichte kann niemals zu lang sein, denn ihr Schluß ist nur bedauerlich, wie der letzte Groschen oder das letzte Streichholz. So führt die Entwicklung des künstlerischen Gewissens in den ehrgeizigeren Werken zu impressionistischer Kürze, und voluminöser Fleiß bezeichnet andererseits immer noch den Produzenten des echten romantischen Schunds. Die Balladen von Robin

Hood hatten kein Ende, und die Heftchen über Dick Dead-shot und die Neun Rächer haben auch keines. Beide Helden sind mit Bedacht unsterblich geschaffen.

Anstatt jedoch bei der ganzen Diskussion des Problems von dieser Einsicht des gesunden Menschenverstandes aus-zugehen: Daß die Jugend der unteren Schichten immer irgendeine formlose und endlose romantische Lektüre gehabt hat und immer haben muß, und dann dafür zu sorgen, daß diese Lektüre gesund ist, fangen wir, ganz allgemein gesagt, mit bizarren Anschuldigungen dieser Lektüre insge-samt an und mit empörter Überraschung, daß die Laufbur-schen, um die es hier geht, nicht Meredith' *Egoisten* oder den *Baumeister Solness* lesen. Es ist der Brauch, vor allem bei Rich-tern, jedes zweite Verbrechen der Metropole dem Einfluß der Schundheftchen zuzuschreiben. Wenn irgendein ungewa-schener Straßenjunge mit einem Apfel davonrennt, weist der Richter scharfsinnig darauf hin, daß das Wissen des Kindes um die hungerstillenden Eigenschaften des Apfels auf merk-würdigen literarischen Erkenntnissen beruht. Die reuigen Jungen selbst bezichtigen häufig die Schundromane mit gro-ßer Heftigkeit, und von jungen Leuten mit nicht geringem Mutterwitz und Humor darf man sich nichts anderes erwar-ten. Wenn ich persönlich ein Testament gefälscht hätte und mir dann vor Gericht Sympathien sichern könnte, indem ich den Vorfall auf den Einfluß der Romane von George Moore zurückführte, würde ich mich dabei hervorragend unterhal-ten. Jedenfalls sind die meisten Leute der unerschütterlichen Überzeugung, daß Straßengören im Gegensatz zu allen anderen Gruppen der Gesellschaft das Hauptmotiv ihres Handelns in gedruckten Büchern finden.

Nun ist es völlig klar, daß jener Einwand, den die Richter gerne vorbringen, mit literarischem Unwert nichts zu tun hat. Schlechte Geschichten zu verfassen ist kein Verbrechen. Auch Mr. Hall Caine läuft ja frei herum und kann wegen einer mißratenen Pointe nicht hinter Gitter gebracht werden. Der Einwand beruht auf der Theorie, daß der Tenor der Heftchen kriminell und sittlich verkommen sei und in den Jungen gemeine Begierde und Grausamkeit anstachele. Das ist die richterliche Theorie, und die ist Quatsch.

Soweit ich diese Literatur zu Gesicht bekommen habe – an den schmutzigsten Kiosken in den ärmsten Bezirken –, verhält es sich damit einfach so: Die ganze staunenerregende Masse der vulgären Jugendliteratur handelt von Abenteuern, weitschweifig, zusammenhanglos und ohne Ende. Sie drückt keinerlei Leidenschaft aus, denn es kommen keinerlei menschliche Charaktere darin vor. Sie läuft ewig in denselben Geleisen bestimmter Regionen und Epochen: Der mittelalterliche Ritter, der sich duellierende Kavalier des achtzehnten Jahrhunderts und der moderne Cowboy kehren mit der selben steifen Einfachheit wieder wie die stilisierten Menschenfiguren eines orientalischen Ornaments. Ebensogut könnten wilde Begierden durch die Betrachtung eines Orientteppichs angestachelt werden wie durch eine solche entmenschlichte und nackte Erzählweise.

Es gibt unter diesen Geschichten eine gewisse Zahl, die sich voll Sympathie mit den Abenteuern von Räubern, Banditen und Piraten befassen oder Diebe und Mörder wie Dick Turpin und Claude Duval als romantische Gestalten mit eigener Würde zeigen. Das heißt, sie tun genau dasselbe wie Walter Scott in *Ivanhoe, Rob Roy* und der *Dame vom See,* wie Byron im *Korsar,* Wordsworth in *Rob Roys Grab,* Stevenson in *Macaire,* Mr. Max Pemberton in seinem *Eisernen Piraten* und andere in tausend Büchern, die man systematisch als Schulpreise und Weihnachtsgeschenke ausstreut. Niemand bildet sich ein, daß die Bewunderung für Locksley in *Ivanhoe* einen Jungen dazu bringen könnte, mit Pfeilen nach den Rehen im Richmond-Park zu schießen; niemand glaubt, daß jemand, der unvorsichtigerweise Wordsworths Gedichte beim *Rob Roy* aufschlägt, dadurch zum Erpresser werden könne. Im Falle unserer eigenen Klasse begreifen wir, daß die Jugend dieses wilde Leben mit Vergnügen betrachtet, weil es ihrem eigenen nicht etwa gleicht, sondern ganz anders ist. Wir könnten nun wirklich auch die Möglichkeit in Betracht ziehen, daß ein Laufbursche den *Roten Rächer* jedenfalls nicht aus dem Grunde liest, daß er selbst vom Blut seiner Freunde und Verwandten trieft.

In dieser wie in allen solchen Fragen verlieren wir völlig die Übersicht, wenn wir von der »Unterklasse« reden und damit einfach die Menschheit abzüglich unserer selbst meinen. Diese trivial-romantische Literatur ist nicht wesentlich plebejisch, sie ist schlicht menschlich. Der Philanthrop kann bei seinen Wohltaten niemals die Klasse vergessen. Er sagt mit bescheidenem Auftrumpfen: »Ich habe fünfundzwanzig Fabrikarbeiter zum Tee eingeladen.« Wenn er sagen würde: »Ich habe fünfundzwanzig Diplombuchhalter zum Tee eingeladen«, wäre die Komik einer so simplen Klassifikation jedermann klar. Doch so sind wir mit diesem riesenhaften Gerümpel törichter Texte verfahren: Wir haben wie eine monströse neue Krankheit etwas untersucht, was gar nichts anderes ist als das alte Menschenherz, töricht und tapfer. Gewöhnliche Menschen werden immer sentimental sein, denn sentimental sein heißt einfach Gefühle haben, ohne daß man sich bemühte, für sie eine neue Ausdrucksweise zu finden. Und diese gewöhnlichen Veröffentlichungen haben nichts an sich, was eigentlich böse wäre. Sie verleihen den optimistischen und heroischen Gemeinplätzen Gestalt, auf

17

die sich die Zivilisation gründet – denn es ist klar, daß die Zivilisation sich entweder auf Gemeinplätze oder auf gar nichts gründet. Gewiß gäbe es keinerlei Sicherheit in einer Gesellschaft, wo die Bemerkung des Obersten Richters, Mord sei ein Verbrechen, als originelles und brillantes Epigramm gälte.

Wenn die Autoren und Verleger von *Dick Deadshot* und anderen solch bemerkenswerten Werken plötzlich mit einer Razzia über die gebildete Klasse herfielen, sich die Namen aller Teilnehmer an Volkshochschulvorträgen notierten, seien sie noch so bedeutend, alle unsere Romane beschlagnahmten und uns mit der Warnung entließen, wir sollten unseren Lebenwandel ändern, dann wären wir nun wirklich ärgerlich. Und doch hätten sie weitaus mehr Recht dazu, als umgekehrt wir es haben, denn sie sind trotz aller ihrer Idiotien normal und wir anomal. Bewußt und aggressiv kriminell ist die moderne Literatur der Gebildeten, nicht die der Ungebildeten. Bücher, welche für Ausschweifung und Pessimismus plädieren und vor denen die schöne Seele des Laufburschen zurückschaudern würde, liegen auf den Tischen unserer Wohnzimmer herum. Wenn der schmutzigste alte Besitzer des schmutzigsten alten Kiosks in Whitechapel es wagte, Schriften auszuhängen, in denen wirklich Polygamie und Suizid empfohlen werden, würde die Polizei seine Bestände beschlagnahmen. Für uns sind solche Bücher ein Luxus. Und mit einer Heuchelei, deren Lächerlichkeit in der ganzen Geschichte beinahe beispiellos ist, schimpfen wir auf die Laufburschen wegen ihrer Unmoral und diskutieren gleichzeitig (mit kryptisch argumentierenden deutschen Professoren), ob Moral überhaupt Gültigkeit besitzt. Im selben Augenblick, da wir den Schundroman verfluchen, weil er zum Diebstahl ermuntert, debattieren wir die These, daß

Eigentum Diebstahl sei. In dem Moment, wo wir den Schundroman (ganz ohne Grund) der Unanständigkeit bezichtigen, lesen wir fröhlich philosophische Werke, die sich an Unanständigkeit gar nicht genugtun können. Wir machen ihm zum Vorwurf, er ermutige die Jugend zur Vernichtung von Leben, und diskutieren gleichzeitig gelassen darüber, ob Leben erhaltenswert sei.

Die morbiden Ausnahmen sind aber wir: Wir sind die kriminelle Schicht der Gesellschaft. Das sollte uns ein Trost sein. Die große Masse der Menschheit und mit ihr die große Masse der unernsten Bücher und unernsten Worte hat nie bezweifelt und wird nie bezweifeln, daß Mut etwas Herrliches ist, Treue etwas Edles, daß man eine Frau in Gefahr retten und einen besiegten Feind schonen soll. Eine große Zahl hochgebildeter Leute zieht diese Alltagsmaximen in Zweifel, so wie es auch eine große Zahl von Leuten gibt, die sich für Napoleon halten, und wie man hört, geben beide witzige Gesprächspartner ab. Aber der gewöhnliche Mann, der gewöhnliche Junge schreibt täglich in diesen großen grellen Tagebüchern seiner Seele, die man Schundromane nennt, ein klareres und besseres Evangelium als es irgendeins dieser schillernden ethischen Paradoxa ist, welche bei den modisch Gebildeten so schnell wechseln wie die Damenhüte. Es mag moralisch gesehen ein sehr begrenztes Ziel sein, einen »wankelmütigen Verräter hinter vielen Masken« zu erschießen, aber es ist doch am Ende ein besseres Ziel, als ein wankelmütiger Verräter hinter vielen Masken zu sein, was als kurze Zusammenfassung einer ganzen Anzahl moderner Lehren von D'Annunzio abwärts gelten kann. Solange die grobe, dünne Machart dieser populären Romantik von der absinkenden Kultur unberührt bleibt, wird sie nie eigentlich unmoralisch werden. Sie bleibt immer auf seiten des Lebens.

Die Armen – die Sklaven, deren Rücken sich wirklich unter der Last des Lebens beugen – waren oft verrückt, konfus, grausam, aber nie ohne Hoffnung. Die Hoffnungslosigkeit ist ein Klassenprivileg wie das Zigarrenrauchen. Ihre dumme Literatur wird immer das Etikett tragen, mit dem man sie spöttisch versehen hat: »Blut und Donner« – sie wird so einfach sein wie der Donner des Himmels und das Blut der Menschen.

VERTEIDIGUNG
DES ABSURDEN SCHWURS

Wenn ein wohlhabender Mann unserer Zeit in Frack und Zylinder sich feierlich vor all seinen Angestellten und Freunden verpflichten würde, die Blätter an jedem dritten Baum den Holland Walk entlang zu zählen, jeden Donnerstag auf einem Bein in die City zu hüpfen, sechsundsiebzig Mal den kompletten Text von Mills *Über die Freiheit* aufzusagen, dreihundert Löwenzahnblüten, jede von einer anderen Wiese mit einem Besitzer namens Brown, zu sammeln, einunddreißig Stunden lang sein linkes Ohr mit der rechten Hand festzuhalten, die Namen all seiner Tanten in der Reihenfolge ihres Alters vom Verdeck eines Omnibus' herab zu deklamieren oder etwas ähnlich Bizarres zu tun, so würden wir gleich folgern, daß der Mann verrückt oder doch, wie man gelegentlich hören kann, ein »Original« sei. Und doch wäre dies alles nicht ungewöhnlicher als die Schwüre, die im Mittelalter und ähnlichen Epochen nicht nur von Fanatikern, sondern von den größten Gestalten der Kultur und des Staatswesens abgelegt wurden – von Königen und Richtern, Dichtern und Priestern. Ein Mann schwor, zwei Berge aneinander zu ketten, und die Kette, sagt man, hing Hunderte von Jahren da, als Denkmal dieser mystischen Torheit. Ein anderer schwor, er würde den Weg nach Jerusalem mit einer Binde vor den Augen finden, und starb auf der Suche. Es ist nicht einfach, diese beiden Unternehmen, streng vernünftig betrachtet, irgend höher einzuschätzen als die anfangs genannten. Ein Berg ist für gewöhnlich ein ruhendes, zuverlässiges Objekt, das man nicht nachts anketten muß wie einen Hund. Und auf den ersten Blick ist schwer zu erkennen, wie jemand die Heilige Stadt dadurch ehren will, daß er sich für die Reise dorthin Bedingungen auferlegt, die es äußerst unwahrscheinlich machen, daß er je ankommt.

Doch gibt es dabei einen Umstand, der hervorzuheben ist. Wenn sich heutzutage einer so aufführte, wäre er, wie angedeutet, ein Symbol der sogenannten »Dekadenz«. Die Männer aber, die jene Dinge taten, waren nicht dekadent; sie gehörten im allgemeinen zu den kräftigsten Schichten eines allgemein als besonders robust angesehenen Zeitalters. Wiederum wird man argumentieren, daß im Grunde verständige Männer solche Verrücktheiten nur unter dem kapriziösen Einfluß einer abergläubischen Religionslehre begehen konnten. Auch das läßt sich nicht halten, denn selbst in den rein irdischen und sogar sinnlichen Bereichen des Lebens, in der Liebe oder der Lust, sieht man bei den mittelalterlichen Fürsten dieselben verrückten Versprechen und Verrichtungen, dieselbe unförmige Phantasie und dasselbe ungeheuerliche Selbstopfer. Hier stehen wir vor einem Widerspruch, zu dessen Erklärung wir das eigentliche Wesen des Schwurs von Anfang an bedenken müssen. Und wenn wir ernsthaft und richtig über die Natur der Schwüre nachdenken, dann müssen wir, wenn ich mich da nicht sehr täusche, zu dem Schluß kommen, daß es durchaus vernünftig und geradezu sinnreich ist, einen Schwur abzulegen, Berge aneinanderketten zu wollen, und wenn Verrücktheit hier irgendwo zu merken ist, dann dort, wo solche Schwüre nicht getan werden.

Der Mensch, der einen Schwur ablegt, trifft eine Verabredung mit sich selbst an einem fernen Ort oder in einer fernen Zeit. Die Gefahr liegt darin, daß er sie nicht einhalten könnte. Und in der modernen Zeit hat diese Furcht vor dem Selbst, vor der eigenen Schwäche und Unverläßlichkeit, gefährliche Ausmaße angenommen, und das ist der eigentliche Grund für die Abneigung gegen Schwüre jeder Art. Ein moderner Mensch hütet sich zu schwören, daß er die Blätter an jedem dritten Baum des Holland Walk zählen werde, nicht weil das blöd wäre (er tut vieles, was viel blöder ist), sonder weil er zutiefst der Überzeugung ist, daß er schon vor dem dreihundertneunundsiebzigsten Blatt des ersten Baumes der ganzen Geschichte müde wäre und zum Tee nach Hause wollte. Mit anderen Worten: Wir müssen befürchten, daß er dann, in der geläufigen und entsetzlichen Ausdrucksweise, *ein anderer Mensch* geworden ist. Dieses furchtbare Märchen von dem Menschen, der sich ständig in andere verwandelt, legt die Seele der Dekadenz bloß. Daß John Paterson mit scheinbarer Gelassenheit dem entgegensieht, daß er montags ein gewisser General Barker, dienstags Dr. MacGregor, mittwochs Sir Walter Carstairs und am Donnerstag Sam Slugg sein wird, mag als Alptraum erscheinen, doch diesem Alptraum geben wir den Namen: Moderne Kultur. Ein großer dekadenter Dichter, der nun tot ist, hat vor einigen Jahren ein Gedicht veröffentlicht, das machtvoll den ganzen Geist dieser Bewegung zusammenfaßt in der Erklärung, er vermöge, wenn er im Hof des Gefängnisses stehe, die Gefühle eines Mannes, der nächstens gehängt werden würde, durch und durch begreifen:

> Denn wer mehr als ein Leben lebt,
> stirbt mehr als einen Tod.

Und das Ende von all dem ist das entsetzliche Gefühl des Unwirklichen, das sich auf die Décadence herabsenkt, und mit dem verglichen körperlicher Schmerz noch die Frische jugendlichen Empfindens hätte. Die eine Hölle, die sich die Phantasie als die höllischste ausmalen muß, ist ein nichtendenwollendes Theaterstück ohne auch nur das engste und schmutzigste Foyer, worin man Mensch sein könnte. Und das ist die Existenz des dekadenten Ästheten, des Apostels der Freien Liebe. Stets Gefahren zu durchlaufen, von denen wir wissen, daß sie uns nicht berühren, Schwüre zu leisten, von denen wir wissen, daß sie uns nicht binden, Feinde herauszufordern, von denen wir wissen, sie können uns nichts anhaben – das ist die grinsende Tyrannei der Dekadenz, die sich Freiheit nennt.

Wenden wir uns nun andrerseits wieder dem zu, der einen Schwur ablegt. Der Mann, der einen Schwur tat, und sei dieser noch so wild gewesen, gab der Größe eines großen Augenblicks den gesunden und natürlichen Ausdruck. Er gelobte zum Beispiel, zwei Berge zusammenzuketten, vielleicht als Symbol einer großen Erleichterung oder Liebe oder Entschlossenheit. So kurz der Moment seines Entschlusses sein mochte, er war wie alle großen Augenblicke ein Augenblick der Unsterblichkeit, und der Wunsch, davon sagen zu können: *exegi monumentum aere perennius* war das einzige Gefühl, das ihn befriedigen konnte. Der moderne Ästhet würde natürlich mit Leichtigkeit die Gelegenheit zu starkem Gefühl erkennen. Und er würde schwören, er wolle zwei Berge aneinanderketten. Doch würde er ebenso heiter den Schwur tun, er wolle die Erde an den Mond ketten. Und die ernüchternde Einsicht, daß er gar nicht meint, was er sagt, würde ihm genau jenes Gefühl kühner Ernsthaftigkeit rauben, welches die Erregung des Schwurs ausmacht. Denn was wäre irritierender als ein Leben, in dem unsere Mutter oder Tante die Nachricht, wir wollten den König ermorden oder einen Tempel im schottischen Hochland errichten, mit der freundlichen Gelassenheit langer Gewöhnung aufnähmen?

Die Auflehnung gegen den Schwur hat sich in unseren

Tagen sogar bis zu einer Auflehnung gegen das Ehegelöbnis gesteigert. Es ist höchst amüsant, den Ehegegnern bei diesem Thema zuzuhören. Sie scheinen zu glauben, daß das Ideal der Treue ein der Menschheit auf geheimnisvolle Weise vom Teufel auferlegtes Joch sei, statt zu erkennen, daß sich dies Joch immer wieder alle Liebenden selbst auferlegen. Sie haben sich einen Begriff ausgedacht, der in zwei Wörtern den Unterschied von Schwarz und Weiß verwischen will, die »Freie Liebe«, als sei je ein Liebender frei gewesen oder könnte es je sein. Es ist das Wesen der Liebe, daß sie sich bindet, und die Einrichtung der Ehe erwies einfach dem Durchschnittsmenschen die Ehre, ihn beim Wort zu nehmen. Die modernen Weisen offerieren dem Liebenden mit einem nicht ganz reinlichen Lächeln die weitesten Freiheiten und die vollkommenste Verantwortungslosigkeit, aber sie respektieren ihn nicht wie ihn die alte Kirche achtete, sie schreiben nicht seinen Schwur an den Himmel als Zeugnis seines größten Augenblickes. Sie geben ihm jegliche Freiheit außer der, seine Freiheit abzutun, und nur die will er.

In Mr. Bernard Shaws brillantem Theaterstück *The Philanderer* haben wir ein eindrückliches Bild dieser Lage. Charteris ist ein Mann, der ständig versucht, nach den Prinzipien der Freien Liebe zu leben, was soviel heißt, als wollte er ein verheirateter Junggeselle oder ein weißer Neger sein. Er zieht hungrig umher auf der Suche nach einer bestimmten Genugtuung, die ihm nur zuteilwerden kann, wenn er den Mut hat, mit dem Herumziehen aufzuhören. Da kannten sich die Männer alter Zeiten besser aus, zur Zeit der Helden Shakespeares beispielsweise. Wenn Shakespeares Männer wirklich ungebunden sind, dann preisen sie die zweifellos vorhandenen Vorteile der Ungebundenheit, Freiheit, Verantwortungslosigkeit, die Chancen ständigen Wechsels. Doch so töricht waren sie nicht, weiter von Freiheit zu reden, wenn sie einmal in einem Zustand waren, wo Glück oder Elend davon abhingen, ob ein anderer Mensch die Augenbraue hochzog. Suckling stellt bei seinem Preisgedicht auf die Freiheit die Liebe neben die Schulden:

> ...und wer nur ohne beide lebt,
> dem lacht die ganze Welt.
> Er lebt wie in der Goldnen Zeit
> im Sonnenschein der grünen Au,
> raucht seine Pfeife, trinkt sein Glas,
> und fürchtet Mann nicht und nicht Frau.

Das ist ein vollkommen vernünftiger, männlicher, durchaus möglicher Standpunkt. Doch was haben Liebende mit lächerlichen Prätentionen zu schaffen, sie fürchteten nicht Mann noch Frau? Sie wissen, daß im Handumdrehen die ganze Maschinerie des Kosmos bis hinauf zum fernsten Stern zu einem einzigen Musikinstrument oder einer einzigen Folter werden kann. Sie hören ein Lied, älter als das von Suckling, das hundert Philosophen überlebt hat: »Wer ist, die hervorbricht wie die Morgenröte, schön wie der Mond, auserwählt wie die Sonne, schrecklich wie die Heerscharen?«

Wie gesagt, es ist eben jenes Hintertürchen, jenes Gefühl, es gebe immer noch ein Entkommen, das für mein Empfinden die modernen Freuden so steril macht. Überall sehen wir den hartnäckigen und wahnwitzigen Versuch, sich zu vergnügen, ohne dafür zu bezahlen. So sagen in der Politik die modernen Chauvinisten etwa: »Wir wollen die Freuden des Eroberers ohne die Plagen des Soldatseins: Laßt uns auf dem Sofa sitzen und eine harte, tapfere Rasse sein.« In Fragen der Religion und Moral sagen unsere modernen Mystiker: »Wir wollen den Duft heiliger Reinheit ohne die Trauer der Selbstzucht: Laßt uns abwechselnd Hymnen auf die Jungfrau und auf Priap singen.« Und in der Liebe sagen die sogenannten frei Liebenden: »Wir wollen die Herrlichkeit, uns selbst darzubieten, ohne die Gefahr erleben, uns selbst zu verpflichten: Laßt uns sehen, ob man nicht in unbegrenzter Wiederholung Selbstmord begehen kann.«

Ganz gewiß geht das nicht. Es gibt zweifellos erregende Augenblicke für den Zuschauer, den Amateur und den Ästheten, aber es gibt eine Erregung, die nur der Soldat kennt, der um die eigenen Fahne kämpft, nur der Asket, der um seine Erleuchtung hungert, nur der Liebende, der schließlich seine eigene Wahl getroffen hat. Und diese den Menschen verwandelnde Selbstdisziplin macht den Schwur zu etwas ganz Vernünftigem. Es muß selbst den riesenhaften Seelenhunger eines Liebenden oder eines Dichters gestillt haben, zu wissen, daß als Folge eines Augenblicks der Entscheidung im Gebirge jene seltsame Kette jahrhundertelang im Schweigen der Sterne und des Schnees hängen würde. Um uns herum liegt die Stadt kleinlicher Sünden, voll von Seitengäßchen und Schlupfwinkeln, doch sicher wird eines Tages am Fluß eine turmhohe Flamme aufschlagen und verkünden, daß die Herrschaft der Feiglinge vorüber ist und daß einer seine Brücken hinter sich verbrennt.

VERTEIDIGUNG
DES SKELETTS

Vor einiger Zeit befand ich mich unter uralten englischen Bäumen, die wie ein ganzer Hain von Yggdrasils an die Sterne zu stoßen schienen. Als ich zwischen diesen lebendigen Säulen einherging, wurde mir nach und nach bewußt, daß die Landbevölkerung, die im Schatten dieser Bäume lebte und starb, sich in ihrer Unterhaltung recht eigenartig auf sie bezog. Sie brachten ständig Entschuldigungen vor, als ob die Bäume ein sehr unbefriedigendes Schauspiel böten. Nach umfangreichen Nachforschungen kam ich schließlich darauf, daß ihr mürrisch-reuiger Tonfall davon herrührte, daß es Winter war und alle Bäume kahl standen. Ich versicherte ihnen, ich sei nicht böse darüber, daß es Winter sei; ich wüßte, es sei schon öfter vorgekommen und keine Vorsicht ihrerseits hätte diesen Schicksalsschlag abwenden können. Doch ich konnte sie in keiner Weise damit aussöhnen, daß es Winter *war*. Offenbar hatte man allgemein das Gefühl, daß ich die Bäume in ungehörigem Aufzug überrascht habe und daß man sie nicht zu Gesicht bekommen sollte, ehe sie wie die ersten Menschensünder sich mit Blättern bedeckt hatten. So ist es klar, daß nur sehr wenige überhaupt eine Vorstellung davon zu haben scheinen, wie Bäume im Winter aussehen, daß aber die Anwohner des Waldes am wenigsten davon wissen. Der Umriß des kahlen Baumes, weit davon entfernt, herb und streng zu erscheinen, ist in ungewöhnlichem Maße üppig und schwer zu definieren; der Waldrand verschwimmt wie eine Vignette. Die Wipfel von zwei, drei hohen Bäumen, laublos, sind von solcher Weiche, daß sie wie die riesigen Besen jener Märchenfrau wirken, die

die Spinnweben vom Himmel kehrte. Damit verglichen ist der Umriß des belaubten Waldes hart, grobschlächtig, klumpig; die Wolken der Nacht verhüllen den Mond nicht dichter als jene ungeheuerlichen grünen Wolken den Baum verhüllen – den kleinen Wald wirklich zu Gesicht zu bekommen, sein graues und silbriges Wogenleben, ist gänzlich ein Winteranblick. Von so zartem Dämmer ist das Herz der Winterwälder, ein glitzerndes Düster, daß eine Gestalt, die in dem schwarz-weißen Zwielicht auf uns zugeht, unergründliche Tiefenperspektiven von Spinngewebe zu durchtrennen scheint.

Doch sicher ist die Ansicht, die Blätter seien der hauptsächliche Schmuck eines Baumes, vulgär und der vergleichbar, die langen Haare seien die Hauptsache bei einem Konzertpianisten. Wenn der Winter, der gesunde Asket, sein riesenhaftes Schermesser über Hügel und Täler zieht und alle die Bäume wie Mönche rasiert, haben wir das sichere Empfinden, daß sie nun alle in höherem Maße Bäume sind, nachdem sie gestutzt wurden, wie übrigens viele Maler und Musiker eher Menschen glichen, wenn sie weniger struppig daherkämen. Doch scheint eine tiefe, wesentliche Schwierigkeit darin zu liegen, daß die Menschen in dauerndem Schrekken vor ihrer eigenen Struktur leben, oder vor der Struktur der Dinge, die sie lieben. Schwach läßt sich dies am skeletalen Umriß des Baumes empfinden; deutlich tritt es am Anblick des Menschenskelettes hervor.

Die Bedeutung des menschlichen Skeletts ist groß, und das Entsetzen, mit welchem es gemeinhin betrachtet wird, einigermaßen geheimnisvoll. Ohne für das Skelett eine geläufige und vertraute Schönheit in Anspruch zu nehmen, dürfen wir doch behaupten, daß es gewiß nicht häßlicher ist als eine Bulldogge (deren Beliebtheit unerschütterlich ist),

und daß es sehr viel fröhlicher und liebenswürdiger drein-
schaut. Doch ebenso wie der Mensch sich merkwürdigerweise der Skelette der Bäume im Winter schämt, schämt er
sich geheimnisvollerweise seines eigenen Skeletts im Tode.
Es geht hier um etwas sehr Eigenartiges: Um das Entsetzen
vor der Architektur der Dinge. Man sollte meinen, daß es für
den Menschen sehr unvernünftig sei, sich vor einem Skelett
zu fürchten, da die Natur ihm seltsame und ganz unüber-
windliche Hindernisse gesetzt hat, vor ihm davonzulaufen.

Einen Grund gibt es für diese Furcht: Die Menschheit hat
die seltsame Idee entwickelt, daß das Skelett Symbol des
Todes ist. Man könnte ebensogut sagen, daß ein Fabrik-
schornstein ein Symbol des Ruins ist. Die Fabrik mag nackt
und kahl nach dem Bankrott zurückbleiben, das Skelett
nackt daliegen nach dem Verfall des Körpers, doch beide
haben ein geschäftiges, bewegtes Leben hinter sich, in dem
alle Hebel knarrten, alle Räder sich regten, im Haus des
Lebensunterhalts, im Haus des Lebens. Es gibt keinen
Grund, warum diese Kreatur, das lebende Skelett (eine,
glaube ich, für die Kunst neue Gestalt), nicht zum wesentlichen Symbol des Lebens werden sollte.

In Wahrheit ist das Entsetzen, das der Mensch beim Anblick des Skeletts empfindet, gar nicht Entsetzen vor dem
Tode. Es ist die seltsame Ehre des Menschen, daß er, allgemein gesprochen, nichts dagegen hat, tot zu sein, jedoch sehr
viel dagegen, unwürdig zu wirken. Und was ihn grundsätzlich am Skelett beunruhigt, ist die Erinnerung daran, daß die
Basis seiner äußeren Erscheinung schamlos grotesk ist. Ich
weiß nicht, worauf sich dieser Einwand stützen könnte. Er ist
es zufrieden, seinen Platz in einer Welt einzunehmen, die sich
keineswegs geschmackvoll gibt – einer lachenden, arbeiten-
den, höhnenden Welt. Er sieht Millionen von Tieren, die mit

der leichtfertigen Beiläufigkeit eines Dandys die monströsesten Formen und Gliedmaßen tragen, die lächerlichsten Hörner, Flügel und Beine, wenn diese nützlich und notwendig sind. Er sieht die Gelassenheit des Frosches, sieht, wie unerklärlich glücklich das Nilpferd ist. Er sieht ein ganzes Universum, das lächerlich wirkt, von winzigen Infusionstierchen, deren Kopf zu groß ist für den Körper, bis zum Kometen, dessen Schwanz viel zu groß ist für den Kopf. Wenn es aber um die herrlich bizarre Gestalt seines eigenen Inneren geht, verläßt ihn abrupt sein Sinn für Humor.

Im Mittelalter und in der Renaissance (welche zu gewissen Zeiten und in gewisser Hinsicht das bei weitem dunklere Zeitalter war) hatte diese Vorstellung vom Skelett einen großen Einfluß und trieb mit ihrer Eiseskälte allem irdischen Pomp seinen Stolz aus und allen flüchtigen Freuden ihren Duft. Doch lag dies sicher nicht lediglich an der Furcht vor dem Tode, denn in diesen Zeiten waren Menschen gewohnt, singend ihrem Tod entgegenzugehen – es war die Idee, daß der Mensch in der grinsenden Häßlichkeit seiner Grundstruktur erniedrigt werde, welche die jugendliche Unverschämtheit von Schönheit und Stolz verdorren ließ. Und damit tat sie sicher mehr Gutes als sie Schaden anrichtete. Nichts ist so kalt und so erbarmungslos wie die Jugend, und die Jugend aristokratischen Ranges in einer aristokratischen Zeit neigt zu einer makellosen Würde wie in einem endlosen Sommer des Erfolges, die des scharfen erinnernden Hinweises auf die Verachtung der Gestirne bedurfte. Gut, daß solch selbstgefälliger Dünkel sich davon überzeugen lassen mußte, daß wenigstens ein kruder Streich ihnen gespielt werden würde, vor dem es kein Entrinnen gab, daß sie in eine grinsend offenstehende Falle stürzen mußten, sich nicht mehr zu erheben. Daß ihre gesamte Existenz von einer ebenso gesunden Lächerlichkeit war wie die eines Schweins oder eines Papageis, konnten sie nicht erkennen – daß die Geburt komisch ist, das Erwachsenwerden komisch, das Trinken und Kämpfen komisch, dies zu wissen waren sie viel zu jung und ernsthaft. Zumindest aber wurden sie darüber belehrt, daß der Tod komisch ist.

Es gibt die seltsame, sehr verbreitete Vorstellung, daß der Wert und die Faszination dessen, was wir Natur nennen, in ihrer Schönheit liegen. Doch die Tatsache, daß Natur in dem Sinne schön sein kann, in dem eine Tapete oder eine Gardine schön sein mag, ist nur einer ihrer Reize, und ein beinahe zufälliger. Die höchste und wertvollste Qualität der Natur ist nicht ihre Schönheit, sondern ihre großzügige und widerborstige Häßlichkeit. Hunderte von Beispielen ließen sich anführen. Das Krächzen der Krähen ist, in sich selbst, häßlich wie nur der Höllenlärm in einem Londoner Eisenbahntunnel. Doch erhebt es uns mit seiner rauhen Freundlichkeit und Ehrlichkeit wie ein Trompetenruf das Herz, und der Liebhaber in Tennysons *Maud* konnte sich sogar einreden, daß dieser entsetzliche Laut dem Namen seiner Geliebten glich. Hat der Dichter, für den die Natur aus der Rose und der Lilie besteht, schon jemals das Grunzen eines Schweines gehört? Das ist ein Geräusch, das dem Menschen guttut – ein starker eingesperrter Schnarchlaut, der sich aus unergründlichen Kerkern seinen Weg durch jeden nur möglichen Ausgang wie durch alle Organe hindurch bahnt. Es könnte die Stimme der Erde selbst sein, schnarchend in ihrem mächtigen Schlaf. Das ist der tiefste, älteste, der gesündeste und gläubigste Sinn, in dem Natur einen Wert für uns hat – der Wert ihrer immensen Kindlichkeit. Sie ist so unbeholfen, so grotesk, so ernsthaft und so glücklich wie ein kleines Kind. Es gibt eine Stimmung, in welcher wir all ihre Formen als solche erkennen, wie sie ein Kind auf eine Schiefertafel krakelt – einfach, bruchstückhaft, eine Million Jahre älter und kräftiger als die ganze Krankheit, die wir als Kunst bezeichnen. Die Gegenstände auf der Erde und am Himmel scheinen sich zu einen Kinderreim zusammenzuschließen, und unsere Beziehung zu den Dingen scheint einen Moment lang so einfach, daß man ein tanzender Verrückter sein müßte, um dieser Klarheit und Leichtigkeit Ausdruck zu verleihen. Der Baum über mir rauscht flügelschlagend wie ein Riesenvogel auf einem Bein; der Mond ist wie das Auge eines Zyklopen. Und wie sehr ich mir auch das Gesicht mit düster-eitlem Ernst umwölke oder mit gemeiner Rachgier, verachtenswerter Verachtung – die Knochen meines Schädels darunter lachen für immer.

VERTEIDIGUNG
DES DENKMALS

Es ist eine sehr bedeutsame Tatsache, daß die Kunstform, in welcher sich die moderne Welt auf jeden Fall
gegenüber der Antike nicht verbessert hat, diejenige
ist, die man vielleicht Freiluftkunst, die Kunst des öffentlichen
Platzes nennen kann. Die Denkmäler sind sicher nicht besser
geworden und auch nicht die an ihnen geübte Kritik, wie sich
an der Mode zeigt, eine so große Zahl von ihnen als pompös
zu verdammen. Man könnte einen interessanten Essay über
die enorme Anzahl von Wörtern schreiben, die als Beleidi-
gungen verwendet werden, wo sie doch eigentlich Kompli-
mente sind. Das wäre in sich eine merkwürdige Studie über
jene Tendenz, die, wie ich schon gesagt habe, die Dinge
immer schlimmer darstellt, als sie sind, und einen zu systematischen Verteidigungsplädoyers zwingt. So äußern sich
meinetwegen Theaterkritiker über eine Aufführung mit Verachtung, indem sie sie als theatralisch bezeichnen, was doch
bloß heißt, daß sie einem Theater angemessen ist, und
ebenso lobend ist wie ein Gedicht dichterisch zu nennen.
Ebenso wird herablassend davon gesprochen, daß eine bestimmte Art von Werken sentimental seien, was nur besagen
will, daß sie die bewundernswerte und wesentliche Qualität
des Gefühls, des Sentiments besitzen. Solche Phrasen gehö-
ren alle zu ein und derselben feigen Kleinhändlerphilosophie
und erinnern uns an die Tage, als das Wort »Enthusiast«
einen Vorwurf enthielt. Doch in diesem ganzen Vokabular
unbewußten Lobes ist kein Wort verblüffender als das Wort
»pompös«.

Ein öffentliches Denkmal sollte, richtig genommen, natürlich pompös sein. Der Pomp ist sein eigentliches Ziel – es wäre absurd, Säulenhallen und Pyramiden in einem koketten kleinen Winkelchen wie Veilchen im Walde zu verstecken. Und die öffentlichen Denkmäler enthalten hier eine wichtige und dringend erforderliche Lehre für uns. Tapferkeit und Erbarmen und die großen Enthusiasmen sollten sich sehr viel deutlicher in der Öffentlichkeit zeigen, als dies gegenwärtig geschieht. Wir neigen heute zu sehr dazu, unsere Sünde der Furcht in die Tugend der Diskretion umzubenennen. Wir haben die alte und gesunde Moral aus dem Buch der Sprüche vergessen: »Die Weisheit erhebt ihren Ruf auf der Straße, sie läßt ihre Stimme auf den Märkten erschallen.« In Athen und Florenz hörte man ihre Stimme auf den Märkten. Dort lebte man im Freien ein Leben des Kriegs und Redestreits, und man besaß, was die moderne kommerzielle Zivilisation nie hatte – eine Kunst im Freien. Gottesdienste, das Heiligste, was es gibt, wurden stets öffentlich abgehalten; es ist eine ganz neue und verquere Vorstellung, daß Heiligkeit etwas mit Heimlichkeit zu tun habe. Sehr viele moderne Dichter mit ihren höchst abstrusen und zarten Empfindungen lieben die Dunkelheit, wenn man der Sache nun einmal wirklich auf den Grund geht, aus ziemlich demselben Grunde wie die Diebe. Die Aufgabe eines großen Turmes oder einer großen Statue sollte es sein, ein plötzlich aufwallendes Gefühl des Stolzes wie mit einem Donnerkeil im Geist der Menschen zu wecken. Sie wollen uns mit diesem Gefühl in die leere und noble Luft emporreißen. Um die Basis jedes großen Denkmals läuft – was immer sonst noch dort geschrieben steht – in unsichtbaren Lettern der Satz von Swinburne:

Dies Ding ist Gott:
Mit deinen Kräften Mensch zu sein,
aufrecht einherzugehn in der Stärke des Geistes
und im Lichte zu leben.

Wenn ein öffentliches Denkmal nicht dem ersten großen und offensichtlichen Bedürfnis genügt, daß es öffentlich und denkwürdig sei, ist es ein fehlgeschlagenes Unternehmen.

Seit einiger Zeit gibt es eine Schule realistischer Skulptur, die man vielleicht besser als Schule der bildhauerischen Skizze bezeichnet. Eine solche Bewegung war als Reaktion auf die knausrig-schäbige Pomposität viktorianischer Statuen richtig und unvermeidlich. Der vielleicht häßlichste und deprimierendste Gegenstand im Universum – weit häßlicher und deprimierender als eines von Mr. H. G. Wells' formlosen Schleimungeheuern (und ihnen gar nicht unähnlich) – ist die Statue des englischen Philanthropen. Beinahe so schlimm, wenn auch natürlich nicht ganz, sind die Statuen englischer Politiker in Parliament Fields. Eine jede ist in einen zylindrischen Frack gezwängt und eine jede trägt über dem Arm eine Art Schriftrolle oder aber ein schwer zu bestimmendes Textilteil, irgendwas zwischen einem Badetuch und einem Regenmantel. Jede steht in rhetorischer Haltung da, die alle Nachteile der Affektiertheit ohne die Vorteile des Theatralischen hat. Niemand soll glauben, daß solche Mißgeburten mangelnder technischer Fähigkeit zuzuschreiben sind. In jedem Zug dieser bleiernen Puppen drückt sich die Tatsache aus, daß sie ohne jegliche Wärme eines natürlichen Enthusiasmus für die Schönheit oder die Würde geschaffen wurden. Sie wirken wie mechanisch hingestellt, weil es unangemessen oder geizig gewirkt hätte, keine aufzustellen. Sie wurden sogar mürrisch errichtet, in einem utilitaristischen

Zeitalter, das von dem Gedanken geplagt wurde, daß es doch eine Menge vernünftigerer Methoden gäbe, Geld loszuwerden. Solange dies im Lande die herrschende Stimmung ist, bleibt das Land kahl, Statuen und Kirchen werden nicht emporwachsen – denn sie müssen wachsen, ebenso wie Bäume und Blumen. Doch dieser moralische Nachteil, der so schwer auf den Bildhauern der frühen viktorianischen Ära lastete, betrifft in geringerem Maße auch noch jene rauhe, malerische, alltägliche Form der Skulptur, die sich nun durchzusetzen beginnt, und für die wir bewundernswerte Beispiele in der Statue Darwins im South Kensington Museum und in der Statue Gordons auf dem Trafalgar Square haben. Es ist nicht genug, daß ein für das Volk und den öffentlichen Platz bestimmtes Monument künstlerisch geschaffen ist wie eine Kohlenskizze – es muß unmittelbar eindrucksvoll sein, im höchsten Sinne des Wortes sensationell. Es muß für die Menschheit stehen; es muß für uns zu den Sternen sprechen; es muß allen Himmeln ins Angesicht hinein erklären, daß es selbst dann, wenn die längste und finsterste Liste unserer Verbrechen und Narrheiten verlesen ist, es immer noch ein paar Dinge gibt, deren wir Menschen uns nicht schämen.

Die beiden Formen, in denen man des Wirkens eines in der Öffentlichkeit tätigen Menschen gedenkt, sind die Statue und die Biographie. Sie ähneln sich in gewisser Hinsicht, zum Beispiel darin, daß keine von beiden dem Original ähnelt und daß im allgemeinen beide nicht nur die Laster eines Menschen mildern, sondern auch alle seine amüsanteren Tugenden wegglätten. Doch in einer Hinsicht sind sie verschieden. Man hört nie von einer Biographie, ohne daß man gleich auch vom sakrosankten Privatleben hört und von der Notwendigkeit, den wichtigsten Teil eines Menschenlebens ganz zu unterdrücken. Um diesen Nachteil braucht sich der Bildhauer nicht zu scheren. Er läßt die Nase des bedeutenden Philanthropen nicht weg, weil sie für das Publikum zu rein und schön wäre; er gibt einen Staatsmann nicht mit einem Sack über dem Kopf wieder, weil sein Lächeln im hellen Licht des Tages von unerträglicher Süße gewesen wäre. In der Biographienliteratur wird jedoch weit und breit und mit solchem Nachdruck, daß man kaum zu widersprechen wagt, die These vertreten, daß es über das Leben des Dargestellten je weniger zu sagen gebe, je besser er gewesen und je menschlicher sein Leben verlaufen sei.

Diese moderne Idee, daß Heiligkeit mit Heimlichkeit identisch sei, hat zumindest eines für sich. Es ist eine völlig neue Idee. All den Zeitaltern, in denen die Vorstellung der Heiligkeit wirklich blühte, war sie ganz unbekannt. Das Zeugnis der großen spirituellen Bewegungen der Menschheit steht glatt gegen die Idee, Spiritualität sei eine Privatangelegenheit. Das schrecklichste Geheimnis jeder Menschenseele, ihr einsamstes und individuellstes Bedürfnis, ihre ursprünglichste Beziehung, das, was man Gottesdienst zu nennen pflegt, die Verbindung zwischen der Seele und der letzten Wirklichkeit – diese privateste Angelegenheit ist die öffentlichste Veranstaltung von der Welt. Wer immer am Sonntagmorgen in eine große Kirche zu gehen sich entschließt, kann dort hundert Menschen mit ihrem Schöpfer allein sehen. Dort befindet er sich in Wahrheit vor einem der merkwürdigsten Schauspiele der Welt: Einer dichtgedrängten Menge von Einsiedlern. Und indem es so definitiv die Öffentlichkeit vertritt, indem das Christentum das innerste Mysterium öffentlich macht, verhält es sich nach dem Maße seiner frühesten Ursprünge und seines entsetzlichen Beginns. Sicherlich war es kein Zufall, daß jenes Schauspiel, bei dem sich am Mittag die Sonne verfinsterte, droben auf einem

Berg stattfand. Die Martyren der frühen Christen waren öffentlich nicht nur durch die Laune des Unterdrückers, sondern nach dem ganzen Wunsch der Opfer und ihrer Vorstellung entsprechend.

Die bloße etymologische Bedeutung des Wortes »Märtyrer« läßt mit einem Schlag die gesamte Idee, die Güte sei etwas Privates, zerschellen. Die christlichen Martyrien waren mehr als Demonstrationen: Sie waren werbende Anzeigen. In unseren Tagen würde die neue Theorie spiritueller Delikatesse das gerne alles ändern. Sie würde es Christus gestatten, sich kreuzigen zu lassen, wenn es für seine Gottesnatur unumgänglich wäre, aber im Namen des guten Geschmacks würde sie sich erkundigen, ob es nicht in einer privaten Räumlichkeit geschehen könnte. Sie würde verkünden, daß der Anblick, wie ein Märtyrer von Löwen in Stücke gerissen wird, vulgär sei und die Sensationslüsternheit fördere, obwohl natürlich kein Einwand dagegen bestünde, wenn man sich daheim im Wohnzimmer in engstem Freundeskreis von einem Löwen in Stücke reißen ließe.

Ich neige zu der Vermutung, daß eine dekadente und angekränkelte Reinheit diese Vorstellung ins Leben gerufen hat, daß das heilige Objekt verborgen werden muß. Die Sterne haben nie ihre Heiligkeit verloren, und sie sind schamloser und nackter und zahlreicher als die Plakate für Pears' Seife. Es wäre eine seltsame Welt, wenn sich die Natur plötzlich auf dieses ätherische Schamgefühl besinnen würde, wenn die Bäume mit den Wurzeln nach oben wüchsen und ihre Last Laub und Blüten unterirdisch trügen, wenn die Blumen sich mit dem Morgen schließen und mit der Abenddämmerung öffnen würden, und wenn die Vögel bei Nacht zu fliegen begännen wie die Fledermäuse.

VERTEIDIGUNG
DES NONSENS

Es gibt zwei gleichberechtigte, ewiggültige Sichtweisen, mit denen sich diese unsere im Dämmer liegende Welt betrachten läßt: Wir können die Dämmerung als die des Abends oder Morgens sehen; wir können in allem, bis hinab zu einer vom Baum gefallenen Eichel, einen Abkömmling erblicken oder einen Ahnen. Zuweilen ist es beinahe erdrückend, die Last nicht so sehr der Bosheit als der Güte der Menschen zu empfinden, zu fühlen, daß wir nichts sind als die Erben eines uns demütigenden Glanzes. Doch zu anderen Zeiten scheint alles primitiv, sind die alten Sterne wie die Funken, die aus dem Lagerfeuer eines Knaben sprühen, scheint die ganze Erde so jung und unfertig, daß selbst das weiße Haar der Alten, mit der schönen biblischen Wendung, wie die Blüte des Mandelbaums ist, wie der blühende Weißdorn im Mai. Man ist sich allgemein einig, daß es angemessen ist, wenn sich der Mensch als der »Erbe aller Zeitalter« empfindet – weniger beliebt, doch ebenso wichtig, ist der Hinweis, daß er sich gelegentlich auch als Ahnherr fühlen müßte, und zwar als Ahnherr aus einer geradezu archaischen Vergangenheit. Wichtig, daß er sich fragt, ob er nicht ein sagenhafter Held sein könnte, und voll edlen Zweifels überlegt, ob er ein Sonnenmythos ist.

Was in jedem Zeitalter am gründlichsten dieses Gefühl einer fortdauernden Kindheit der Welt erweckt, ist das jeweils Frische, Abrupte und Phantasievolle; fragte man uns, was jetzt im neunzehnten Jahrhundert der beste Beweis dieser abenteuerlichen Jugend sei, würden wir – bei gebührendem Respekt vor all seinen würdigen Wissenschaften und

Philosophien – antworten, daß er sich in den Gedichten von Herrn Edward Lear und in der Literatur des Nonsens allgemein finden läßt. *Der Dong mit der schimmernden Nase* zumindest ist originell, originell wie das erste Schiff oder die erste Pflugschar.

Es stimmt, daß in gewissem Sinne einige der größten Schriftsteller, die die Welt je gekannt hat – Aristophanes, Rabelais und Sterne – Nonsens geschrieben haben, doch eben, wenn ich mich da nicht sehr täusche, in einem ganz anderen Sinne. Ihr Nonsens war satirisch, will sagen: symbolisch; eine Art überschwengliches Herumhüpfen um eine erkannte Wahrheit. Es liegt ein riesiger Unterschied zwischen dem Instinkt der Satire, welcher im Schnurrbart Wilhelms II. etwas für ihn Typisches erkennt und ihn infolgedessen größer und immer größer malt, und dem Instinkt des Nonsens, der ohne jeglichen guten Grund sich vorstellt, wie dieser Schnurrbart im Gesicht des augenblicklichen Erzbischofs von Canterbury aussehen würde. Wir möchten meinen, daß kein Zeitalter vor dem unseren hätte begreifen können, daß Lears »Quangle-Wangle« absolut nichts zu bedeuten hat, und daß das Land der Jumblies absolut nirgendwo liegt. Wahrscheinlich hätte man den Prozeß des Herzbuben in *Alice im Wunderland,* wäre das Buch im siebzehnten Jahrhundert veröffentlicht worden, zusammen mit Bunyans *Wie dem Getreu der Prozeß gemacht wurde* als Parodie der damaligen Justiz angesehen. Wahrscheinlich hätten alle, wäre der *Dong mit der schimmernden Nase* in jener Zeit erschienen, das Ganze als plumpe Satire auf Oliver Cromwell abgetan.

Es geschieht durchaus mit Vorbedacht, daß wir uns hier hauptsächlich auf die Nonsens-Gedichte von Herrn Lear beziehen. Für uns ist er nach Alter und Wesen der echte Vater des Nonsens; wir halten ihn hier für Lewis Carroll überlegen. In einer Hinsicht hat allerdings Carroll einen Vorteil. Wir wissen, was er im täglichen Leben war: Ein höchst ernsthafter und höchst konventioneller Professor, allgemein geachtet, jedoch ein großer Pedant und ziemlich philiströs. So betont sein seltsames Doppelleben auf Erden und im Traumland die hinter dem Nonsens stehende Idee: Die der Flucht nämlich, des Entrinnens in eine Welt, wo die Dinge nicht so fürchterlich in ewiger Angemessenheit fixiert sind, wo der Apfel auf dem Birnbaum wachsen und jeder Mensch, dem man begegnet, drei Beine haben kann. Lewis Carroll, der sich in dem einen Leben schon über unerlaubtes Betreten des Rasens hätte moralisch entrüsten können, während er in dem anderen Leben ohne weiteres die Sonne grün und den Mond blau genannt hätte, ist durch diesen Zwiespalt seiner Natur, dadurch, daß er mit jedem Fuß in einer andern Welt steht, ein ideales Beispiel für die Haltung des modernen Nonsens. Sein Wunderland ist von wahnsinnigen Mathematikern bevölkert. Der Leser hat das Gefühl, daß die Flucht in eine Welt der Maskerade führt – das Gefühl, daß wir, könnten wir nur die Verkleidungen durchschauen, hinter Humpty Dumpty und dem Märzhasen Professoren und Pfarrer entdecken würden, die hier ihren geistigen Urlaub verbringen. Dieses Gefühl des Fliehens ist nun bei Edward Lear viel geringer, denn er genießt uneingeschränktes Bürgerrecht im Reich der Unvernunft. Wir kennen seine prosaische Biographie nicht wie die Carrolls. Wir akzeptieren ihn als reine Fabelgestalt, nach seiner eigenen Selbstbeschreibung:

> Sein Leib hat vollkommene Kugelgestalt,
> Er trägt einen runtzablen Hut.

Während Lewis Carrolls Wunderland von reiner Intellektualität ist, verwendet Lear ein anderes Element – das des Dichterischen und auch des Gefühls. Carroll arbeitet nach reiner Vernunft, was jedoch keinen so starken Kontrast abgibt, da die Menschheit letztlich schon immer die Vernunft als eine Art Witz betrachtet hat. Lear jedoch führt seine bedeutungslosen Wörter und amorphen Kreaturen nicht mit dem pomphaften Marsch der Vernunft vor, sondern mit dem romantischen Präludium reicher Klangfarben und sehnsüchtiger Rhythmen.

> Fern und klein, fern und klein
> ist das Land, wo die Jumblies wohnen...

Das ist eine Art Dichtung, die vollkommen verschieden ist von Carrrolls »Jabberwocky«. Carroll, mit seinem Gefühl für mathematische, säuberliche Präzision macht aus seinem ganzen Gedicht ein Mosaik neuer und geheimnisvoller Wörter. Edward Lear aber bringt mit feinerer, gelassener Dreistigkeit kleine Spuren seines eigenen Feendialekts mitten in schlichten, rationalen Aussagen unter, so daß wir, wie betäubt durch die Selbstverständlichkeit dieses Vorgehens, beinahe zugeben möchten, wir wüßten, was sie bedeuten.

> »Es ist wohlbekannt«, sagte Tante Jobiska,
> »und ein jeder kann es hier wieder sehen,
> daß ein Pobbel viel besser läuft ohne Zehen.«

Solche Zeilen klingen nach sympathisch-praktischem Alltagsverstand; ein solcher Effekt steht Carroll nicht zu Gebote. Der Dichter hier scheint die Sache mit so beiläufiger Sicherheit zu behandeln, daß wir uns beinahe gezwungen sehen, so zu tun, als verstünden wir vollkommen, was er uns sagt, als wüßten wir Bescheid über die besonderen Schwierigkeiten im Leben eines Pobbels, als wären wir so alterfahrene Reisende in der »Grombulischen Steppe« wie der Autor selbst.

Unsere Behauptung, daß der Nonsens eine neue Literatur (beinahe möchten wir sagen, daß der Unsinn ein neuer Sinn) ist, ließe sich sicher nicht aufrechterhalten, wenn der Nonsens lediglich ein neues kleines literarisches Experiment wäre. Kein erhabenes Kunstwerk ist je aus bloßer Kunst hervorgegangen, ebensowenig wie sich wesentlich Vernünftiges je aus der reinen Vernunft entwickelt hat. Große ästhetische Gebilde erwachsen nur aus dem reichen Boden der Moral. Das Prinzip des *l'art pour l'art* ist sehr gut, wenn es heißen soll, daß es einen entscheidenden Unterschied zwischen dem Erdreich gibt und dem Baum, der darin seine Wurzeln hat, sehr schlecht aber, wenn damit gemeint ist, der Baum könne auch ebensogut mit den Wurzeln in der Luft hängend gewachsen sein. Jegliche große Literatur ist stets Allegorie gewesen – Allegorie einer bestimmten Weltsicht. Die Ilias ist groß, weil das ganze Leben ein Kampf ist, die Odyssee, weil das ganze Leben eine Reise ist, das Buch Hiob, weil das ganze Leben ein Rätsel ist. Es gibt eine Haltung im Leben, da wir die ganze Existenz in dem Titel »Gespenster« beschlossen finden, eine andere – und etwas bessere – in der wir sie in den Worten »Ein Sommernachtstraum« zusammengefaßt sehen. Selbst das vulgärste Melodram, die törichteste Detektivgeschichte können gut sein, wenn sie etwas von der Freude an sinisteren Möglichkeiten ausdrücken – der gesunden Lust an Finsternis und Schrecken, die uns überkommen mag, wenn wir auf einer dunklen Landstraße dahingehen. Wenn also der Nonsens tatsächlich die Literatur der Zukunft

44

sein soll, muß er uns seine eigene Version des Kosmos bieten. Die Welt muß nicht nur tragisch, romantisch und religiös aufzufassen sein, sie muß auch unsinnig sein. Und hier wird der Nonsens, glauben wir, auf eine ganz unerwartete Weise der spirituellen Weltsicht zu Hilfe kommen. Die Religion hat seit Jahrhunderten versucht, in den Menschen Begeisterung über die »Wunder« der Schöpfung zu wecken, hat dabei aber vergessen, daß etwas nicht ganz und gar wunderbar sein kann, solang es vernünftig bleibt. Solange wir einen Baum als einen offensichtlich natürlichen und vernünftig erschaffenen Gegenstand sehen, dazu da, daß eine Giraffe ihn abweidet, können wir ihn nicht eigentlich bewundern. Wenn wir ihn aber als eine mächtige Woge der lebenden Erdkrume sehen, die sich ohne besonderen Grund tosend zum Himmel erhebt, dann faßt uns Erstaunen und wir ziehen den Hut vor dem Gärtner. Alles hat in der Tat noch eine andere Seite, wie der Mond, der Schutzpatron des Nonsens. Von dieser anderen Seite aus gesehen ist ein Vogel eine Blüte, die sich von ihrem Stengel losgerissen hat, ein Mensch ein auf seinen Hinterpfoten bettelnder Vierfüßler, ein Haus ein gigantischer Hut, um den Menschen vor der Sonne zu schützen, ein Stuhl ein Apparat aus vier hölzernen Beinen, konstruiert für einen Krüppel mit nur zweien.

Dies ist die Seite der Dinge, die den Betrachter wahrhaft zu spiritueller Verwunderung rührt. Es ist bedeutsam, daß in dem größten religiösen Gedicht, das es gibt, im Buch Hiob, das Argument, welches den Ungläubigen überzeugt, nicht (wie es die nur rationale Religiosität des achtzehnten Jahrhunderts darstellte) ein Bild der geordneten Güte der Schöpfung ist, sondern im Gegenteil ein Bild ihrer riesenhaften, nicht zu entziffernden Unvernunft. »Hast du den Regen über die Wüste kommen lassen, wo kein Mensch ist?« Dieses einfache Gefühl des Erstaunens über die Formen der Dinge und ihren Überschwang, ihre Unabhängigkeit von unseren Verstandesmaßstäben und trivialen Definitionen, ist die Grundlage der spirituellen Erfahrung wie des Nonsens. Nonsens und Glaube (so merkwürdig diese Verbindung scheinen mag) sind die beiden höchsten symbolischen Verkörperungen der Wahrheit, daß es ebenso unmöglich ist, die Seele der Dinge mit einem logischen Schluß ans Licht zu bringen wie den Leviathan mit einer Angel zu fangen. Wer wohlmeinend nach dem Studium der logischen Seite der Dinge zu dem Ergebnis kommt, daß »Glaube Nonsens ist«, weiß nicht, wie recht er hat. Später einmal mag er in der Umkehrform erkennen, daß Nonsens Glaube ist.

VERTEIDIGUNG
DER   PLANETEN

Vor einiger Zeit ist ein Buch zu meiner Kenntnis gelangt, das den Titel trägt: »Terra Firma, oder: Beweis, daß die Erde kein Planet ist.« Der Autor, ein gewisser Mr. D. Wardlaw Scott, zitiert mit großem Ernst die Meinungen einer beträchtlichen Anzahl von Personen, von denen wir noch nie gehört haben, die jedoch offenbar sehr wichtig sind. Mr. Beach aus Southsea meint beispielsweise, daß die Erde flach sei; und vielleicht ist sie das in Southsea. Ich will hier jedoch nicht Mr. Scotts Argumentation in ihren Einzelheiten verfolgen. Mit solchen Argumenten läßt sich beweisen, daß die Erde flach ist, und meinetwege auch, daß sie dreieckig ist. Ein paar Beispiele mögen genügen:

Einer von Mr. Scotts Einwänden lautet: Wird ein Projektil von einem sich bewegenden Körper aus abgefeuert, besteht ein Unterschied seiner Reichweite, je nachdem, in welche Richtung man zielt. Da es aber in der Praxis überhaupt keinen Unterschied macht, in welche Richtung geschossen wird, so »haben wir den zwingenden Umsturz aller Phantastereien vor uns, welche sich auf die Bewegung der Erde beziehen, und einen eindrucksvollen Beweis, daß die Erde keine Kugel ist«.

Dies ist, alles in allem, eines der bizarrsten Argumente, dem wir je begegnet sind. Es scheint dem Autor unter anderem nie in den Sinn zu kommen, daß, wenn das Abfeuern und der Sturz des Projektils alle beide auf dem beweglichen Körper stattfinden, es gar nichts gibt, womit sie verglichen werden können. Tatsächlich bewegt sich natürlich oft eine auf einen Elefanten abgefeuerte Kugel auf den Schützen zu, viel langsamer aber, als sich dieser bewegt. Herr Scott würde sich wohl nur ungern auf die Vorstellung einlassen, daß der Elefant, genau genommen, auf seiner Bahn heranschwingt und die Kugel trifft. Uns scheint all dies voll eines großen kosmischen Humors.

Ich will nur noch ein weiteres Beispiel seiner astronomischen Beweisführung zitieren:

»Wenn die Erde eine Kugel wäre, dann wäre die Entfernung entlang ihrer Oberfläche am, sagen wir einmal, fünfundvierzigsten Grad südlicher Breite auf keinen Fall größer als am selben nördlichen Grad, da jedoch die Navigatoren wissen, daß es die doppelte Distanz ist – zum allermindesten –, also das Doppelte dessen, was der Kugeltheorie zufolge sich ergeben sollte, so ist das ein Beweis, daß die Erde keine Kugel ist.«

Bei so etwas wird mir ganz dumm im Kopf. Ich kann noch schwachen Widerstand leisten, wenn einer sagt, wäre die Erde eine Kugel, dann könnten die Katzen nicht vier Beine haben; wenn er aber meint, wenn die Erde eine Kugel wäre, könnten die Katzen nicht fünf Beine haben, bin ich verloren.

Doch, wie gesagt, ich bin im Augenblick nicht an der wissenschaftlichen Seite dieser bemerkenswerten Theorie interessiert. Es geht mir um den Unterschied zwischen der flachen und der runden Welt als den Unterschied zwischen zwei Möglichkeiten der künstlerischen Einbildungskraft. Es ist sehr bedeutsam, daß niemand von uns in unserer alltäglichen Weltanschauung wirklich kopernikanisch denkt. Wir sind verstandesmäßig der Überzeugung, daß wir einen kleinen provinziellen Planeten bewohnen, doch fühlen wir uns dabei durchaus nicht als Kleinstädter. Wissenschaftler haben sich mit der Bibel angelegt, weil sie nicht auf dem korrekten astronomischen System beruhe. Die orthodoxe Religion hätte durchaus antworten können, daß sich von einer Bibel, die auf dem kopernikanischen System beruhte, niemand hätte überzeugen lassen.

Wenn auch nur ein Gedicht, eine einzige Geschichte wirklich von der kopernikanischen Weltsicht durchdrungen wäre, ergäbe das einen Alptraum. Können wir uns eine Szene feierlich stiller Bergeinsamkeit denken, in der versunken ein Prophet sitzt, und dann dessen eingedenk werden, daß die ganze Szenerie mit einer Geschwindigkeit von neunzehn Meilen in der Sekunde herumwirbelt? Könnten wir uns mit der Vorstellung eines mächtigen Königs, der ein feierliches Edikt erläßt, abfinden, wenn wir bedenken, daß er grundsätzlich erst einmal mit dem Kopf nach unten im Raume baumelt? Man könnte eine seltsame Fabel schreiben von einem Manne, der mit dem kopernikanischen Blick gesegnet oder geschlagen wäre, und alle Menschen auf der Erde sähe wie Eisenspäne, die am Magneten kleben. Es wäre einzigartig, sich vorzustellen, wie die Ansprache eines aggressiven Egoisten wirken würde, welcher die Unabhängigkeit und Göttlichkeit des Menschen verkündet, wenn man ihn sehen könnte, wie er an seinen Schuhsohlen vom Planeten herabhängt.

Denn trotz Mr. Wardlaw Scotts Entsetzen über die Newtonsche Astronomie und ihren Widerspruch zur Bibel – das alles ist ein gutes Beispiel für den Unterschied zwischen dem Buchstaben und den Geist: Dem Buchstaben nach steht das Alte Testament unserer Auffassung des Sonnensystems entgegen, doch im Geist kommt es ihr sehr nahe. Die Autoren der Schöpfungsgeschichte hatten keine Theorie der Schwerkraft (was dem normalen Menschen etwa ebenso wichtig erscheint wie die Tatsache, daß sie keine Regenschirme hatten). Doch die Theorie der Schwerkraft scheint von einem

49

merkwürdig hebräischen Empfinden geprägt zu sein – einem Gefühl, daß Abhängigkeit und Gewißheit eng verbunden sind, daß alle Dinge, obwohl sie nur an einem Faden hängen, eine Einheit bilden. »Er breitet aus die Mitternacht über das Leere und hängt die Erde an nichts«, sagt der Autor des Buchs Hiob, und hat in diesem Satz das ganze entsetzliche Gedicht der modernen Astronomie schon geschrieben. Wie kostbar und zerbrechlich das Universum ist, wie es in der Wölbung einer Hand ruht, diese Empfindung gewährt die runde und kreisende Erde in höchstem Maße. Mr. Wardlaw Scotts flache Erde wäre das wahre Terrain für einen bequemen Atheisten. Den alten Juden dagegen wäre es wohl egal gewesen, ob sie nun kopfüberhingen oder aufrechtstanden. Sie hatten keine törichten Ideen von der Würde des Menschen.

Es wäre interessant, sich zu fragen, ob die Welt je eine kopernikanische Dichtung, eine kopernikanische Einbildungskraft hervorbringen wird – ob wir je von einer frühen Erdumdrehung statt von einem frühen Sonnenaufgang sprechen werden und gleichmütig davon reden, daß wir zu den Gänseblümchen hinauf- und zu den Sternen hinunterschauen. Doch wenn wir das je tun sollten, erwartet uns eine große Zahl großer, phantastischer Tatsachen, würdig einer ganzen neuen Mythologie. Mr. Wardlaw Scott sagt zum Beispiel mit echter, wenn auch ihm selbst unbewußter Vorstellungskraft, daß den Astronomen zufolge »das Meer ein großes meilenhohes Gebirge aus Wasser ist«. Dieses Gebirge aus sich bewegendem Kristall, in dem die Fische sich vogelgleich ihre Nester bauen, entdeckt zu haben, ist wie die Entdeckung von Atlantis – es ist genug, die alte Welt jung werden zu lassen. In der neuen Dichtung, die uns vorschwebt, werden sportliche junge Männer sich unerschrocken aufmachen, die Hänge des Meeres zu besteigen. Würden wir einmal die ganze Erde erkennen, wie sie ist, so fänden wir uns in einem Reich der Wunder: Wir würden einen neuen Planeten entdecken im Augenblick, in dem wir unseren eigenen entdeckten. Unter all den seltsamen Dingen, welche die Menschheit vergessen hat, ist die allgemeinste und katastrophalste Gedächtnislücke diejenige, durch die uns entfallen ist, daß wir auf einem Stern leben.

In der Frühzeit der Welt folgte auf die Entdeckung einer naturgeschichtlichen Tatsache sogleich deren Anerkennung als eine poetische Tatsache. Als der Mensch aus der langen, abwesenden Träumerei erwachte, die man als automatisch-animalischen Zustand bezeichnet hat, und die seltsamen Fakten wahrnahm, daß der Himmel blau ist und das Gras grün, da verwendete er diese Tatsachen sogleich symbolisch. Blau, die Farbe des Himmels, wurde ein Symbol himmlischer Heiligkeit; Grün ging in die Sprache selbst als Bezeichnung einer Frische ein, die an Einfältigkeit grenzt. Wenn wir so glücklich wären, in einer Welt zu leben, wo der Himmel grün und das Gras blau wären, so hätte sich eine andere Symbolik ergeben. Doch aus einem geheimnisvollen Grund kam diese Angewohnheit, die Tatsachen der Naturerkenntnis poetisch anzuwenden, mit dem wissenschaftlichen Fortschritt an ein abruptes Ende, und all die beunruhigenden Zeichen und Wunder, von denen Galilei und Newton gepredigt haben, stoßen nun auf taube Ohren. Sie haben ein Bild des Universums gezeichnet, mit welchem verglichen die Apokalypse und ihre fallenden Sterne nur ein Idyll waren. Sie haben erklärt, daß wir an eine Kanonenkugel geklammert durch das All rasen, und die Dichter ignorieren das wie eine Bemerkung über das Wetter. Sie sagen, daß uns eine unsichtbare Kraft in unserem Sessel festhält, während die Erde dahersaust wie ein Bumerang; und immer noch suchen Menschen in verstaubten Texten nach Beweisen für die Gnade Gottes. Sie sagen, daß Herrn Scotts monströse Vision eines Gebirges aus Meereswasser, das sich emporwölbt wie der Glasberg im Märchen, Tatsache ist, und die Menschheit kehrt zurück zu ihren Märchenbüchern. Zu welcher Turmhöhe dichterischer Bildkraft hätten wir uns nicht aufschwingen können, wenn nur die Poetisierung der Naturerkenntnis sich fortgesetzt und die Phantasie der Menschen mit den Planeten so unbekümmert gespielt hätte wie mit den Blumen! Wir hätten nun vielleicht einen planetarischen Patriotismus, wo das grüne Blatt als Kokarde getragen würde, zum ewigen Trommelwirbel der See. Wir wären stolz darauf, was unser Stern hervorgebracht hat, und trügen sein Wappen hochgemut in den blinden Turnieren der Himmelssphären. All dies können wir tatsächlich noch immer. Denn trotz all der Vielfalt unseres Wissens gibt es etwas, das glücklicherweise kein Mensch weiß: Ob die Welt alt ist oder jung.

VERTEIDIGUNG DER PORZELLANSCHÄFERINNEN

E s gibt Dinge, an welche sich die Welt nicht gerne erinnern läßt, denn es sind die erstorbenen Liebschaften der Welt. Eine davon ist jener Enthusiasmus für das arkadische Schäferleben, der – wie sehr er auch jetzt dem Spott des Realismus ausgesetzt sein mag – fraglos während eines enormen Zeitraums der Weltgeschichte regierte, von den Zeiten an, die wir als die Antike bezeichnen, bis hinein in die, welche schon als Moderne gelten können. Die Vorstellung von dem unschuldigen und heiteren Leben von Schäfern und Schäferinnen fesselte die Zeitalter von Theokrit, Vergil, Catull, Dante, Cervantes, Ariost, Shakespeare und Pope. Wir lesen, daß die Götzen der Heiden aus Stein und Erz waren, doch Stein und Erz haben nicht so lange überdauert wie die kleine Porzellanschäferin. Die katholische Kirche und der ideal gedachte Schäfer sind tatsächlich so ziemlich die einzigen Ideen, welche den Abgrund zwischen der alten Welt und der neuen überbrückt haben. Doch, wie gesagt, die Welt läßt sich ungern an den Enthusiasmus ihrer Jugend erinnern.

Doch die Phantasie (Aufgabe des Historikers) kann ein so bedeutsames Element nicht außer acht lassen. Der einfältige Revolutionär glaubt für gewöhnlich, die Phantasie sei etwas nur Rebellisches, und ihr hauptsächlicher Zweck sei der Entwurf neuer, phantastischer Gemeinwesen. Doch ihr höchster Zweck liegt in retrospektiver Verwirklichung. Die Posaune der Phantasie ruft wie die des Jüngsten Tages die Toten aus ihren Gräbern. Die Phantasie schaut Delphi mit den Augen eines Griechen an, Jerusalem mit den Augen eines Kreuzfahrers, Paris mit denen eines Jakobiners und Arkadien mit denen eines Manieristen. Die erste Aufgabe der Phantasie liegt darin, uns zu zeigen, daß unsere gesamte Lebensordnung ein Block schichtweise übereinander erstarrter Revolutionen ist. Allen Revolutionären zum Trotz muß betont werden, daß die der Phantasie nicht die Aufgabe hat, ferne Dinge wahr werden, sondern wahre Dinge wieder fern erscheinen zu lassen – nicht aus Wundern Tatsachen, sondern aus Tatsachen Wunder zu machen. Für den phantasiebegabten Menschen sind alle Binsenweisheiten paradox, denn sie waren paradox in der Steinzeit; schon die Schulfibel glüht ihm vor hahnebüchenen Ketzereien.

Betrachten wir denn in diesem Licht das alte pastorale oder arkadische Ideal. Doch eines muß zuerst klar hervorgehoben werden: Diese arkadische Kunst und Literatur ist eine untergegangene Leidenschaft. Sie zu studieren ist wie in den Liebesbriefen eines Toten zu wühlen. Ihre Blumen erscheinen uns schäbig und künstlich wie Ballrosetten; die Lämmer, die zur Flöte des Schäfers springen, scheinen mit der Künstlichkeit eines Balletts zu tanzen. Selbst unsere prosaische Plackerei kommt uns fröhlicher vor als solcher Müßiggang. Wo der alte Überschwang die Grenzen der Weisheit oder selbst der Tugend überschritt, scheint seine wilde Bewegung doch in die Stille eines antiken Frieses eingefroren. In diesen grauen Bildern scheint ein Bacchanal so langweilig wie ein Landesbischof. Selbst ihre Sünden scheinen kälter zu sein als unsere Verbote.

All dieses mag man offen zugeben: All die öde Sentimentalität des arkadischen Ideals und all seinen unverschämten Optimismus. Doch wenn all das gesagt ist, bleibt noch etwas.

Lange Zeitalter hindurch, in welchen die arrogantesten Machtideale und raffiniertesten Kulturvorstellungen unangefochten regierten, stand das Ideal des vollkommenen und gesunden Schäfers zweifellos in irgendeiner Weise für die Vorstellung, daß in der Einfachheit eine Würde liege, eine Würde in der Arbeit. Für den Aristokraten der alten Zeiten war es gut, zu glauben, daß die Unschuld und Weisheit der Erde, konnte er sie auch selbst nicht erlangen, doch die priesterlichen Geheimnisse der Armen seien. Gut zu glauben, daß, wenn auch kein Himmel über ihm lag, sich doch unter ihm der Himmel auftue. Gut, daß in ihm während all seiner prächtigen Triumphe das Gefühl nie erlosch, das mit den Worten beschrieben wurde: Es bleibt eine Ruhe am Ende.

Die Vorstellung des idealen Schäfers scheint für unsere moderne Auffassung absurd. Aber am Ende war es vielleicht der einzige Beruf, den die Demokratie kennt, der auf gleichen Fuß mit den Berufen der Aristokratie gestellt wurde, und zwar von den Aristokraten selbst. Der Schäfer der Pastoraldichtung war zweifellos höchst verschieden von einem realen Schäfer. Wo der eine unschuldig seinen Schafen auf der Flöte vorspielte, rief der andere ihnen unschuldige Flüche nach, und der Unterschied in geistiger Begabung und Sauberkeit war immens. Doch der Unterschied zwischen dem idealen Schäfer, der mit Amaryllis tanzte, und dem realen Schäfer, der ihr eins aufs Maul gab, ist kein Jota größer als der Unterschied zwischen dem idealen Soldaten, der stirbt, um eine Fahne zu erobern, und dem realen, der lebt, um seine Montur zu putzen, zwischen dem idealen Priester, der stets an einem fremden Bett wacht, und dem realen, der so froh wie andere Menschen auch ist, in sein eigenes zu kommen. Es gibt in jedem Beruf ideale Vorstellungen und reale Menschen, doch nur wenige protestieren gegen die Ideale, und am Ende auch nicht viele gegen die realen Menschen.

Tatsächlich sieht es so aus: Weit davon entfernt, zu bedauern, daß es in der Kunst und Literatur einen idealen Schäfer gibt, bedauere ich aufrichtig, daß der Schäfer der einzige demokratische Beruf ist, den man je auf die Ebene der heroischen Verrichtungen des Feudalzeitalters gehoben hat. Ich habe nicht nur gegen den idealen Schäfer nichts einzuwenden, ich wünschte mir einen idealen Postboten, einen idealen Krämer und einen idealen Klempner. Zweifellos lachen wir bei der Idee eines idealen Postboten – das ist wahr, und es beweist, daß wir keine echten Demokraten sind.

Zweifellos wäre der moderne Krämer, würde man ihn auffordern, sich recht arkadisch zu benehmen und einen symbolischen Tanz aufzuführen, in dem sich die Freuden des Krämerlebens ausdrückten, oder auf einem einfachen Instrument zu spielen, während seine Verkäufer um ihn herumspringen, in gewisser Verlegenheit – würde sich vielleicht sogar weigern. Doch muß man fragen, ob dieses Zögern des Krämers eine gute Sache ist und als Indiz für einen gesunden Zustand des poetischen Gefühls im Krämerstand insgesamt gelten kann. Sicherlich sollte jeglicher Beruf ein Idealbild seiner Gesundheit und seines Glücks besitzen, und dessen Wirklichkeitsferne ist nicht die einzige wichtige Frage. Niemand wird davon ausgehen, daß die ganzen traditionellen Vorstellungen von Pflicht und Ruhm stets im Bewußtsein beispielsweise eines Soldaten oder Arztes wirksam sind, daß die Schlacht bei Waterloo tatsächlich den Gemeinen mit Freude seine Stiefel wichsen läßt oder daß der Gedanke an den Eid des Hippokrates das Vokabular eines um zwei Uhr morgens aus dem Bett geholten Arztes sänftigt. Wenn aber auch kein Ideal die häßliche Plage, die schäbigen Einzelheiten eines Berufes abschafft, so existiert dieses Ideal doch im Fall des Soldaten oder Arztes jedenfalls im Hintergrund und läßt die

Plackerei insgesamt als lohnend erscheinen. Es ist ein ernstlich zu beklagender Mangel, daß kein solches Ideal für die große Anzahl ehrbarer Gewerbe und Berufe existiert, von denen die Existenz einer modernen Stadt abhängt. Schade, daß unser gegenwärtiges Denken und Fühlen nichts enthält, was der alten Vorstellung von Schutzheiligen entspräche. Wäre dies der Fall, gäbe es einen Schutzheiligen der Klempner (und dies allein wäre schon eine Revolution, denn es würde den einzelnen Handwerker zwingen, zu glauben, daß es einst ein vollkommenes Wesen gab, daß tatsächlich gelötet hat).

Nach allem glauben wir, daß die Frage zumindest offenbleibt, ob die Welt nicht mit dem völligen Verschwinden des Ideals eines glücklichen Landmanns etwas verloren hat. Es ist töricht genug, zu glauben, der Landmann ginge mit bunten Bändern behängt einher, doch immer noch besser, als zu glauben, er ginge in Fetzen und sei sich dessen gar nicht bewußt. Das moderne realistische Studium der Landbevölkerung führt tatsächlich den Forscher tiefer in die Irre als die alte Idylle. Denn das Chiaroscuro des einfachen Lebens nehmen wir nicht richtig wahr, solange seine Tugenden uns ebenso krud erscheinen wie seine Laster und sein Vergnügen so dumpf wie seine Sorgen. Wahrscheinlich ist in ebendemselben Augenblick, in dem wir nur einen stumpfgesichtigen Mann sehen, der mit seinen Freunden in einer Kneipe raucht und viel trinkt, dieser Mann mit ganzer Seele auf einem Fest, bekränzt mit den Blumen eines leidenschaftlichen Müßigganges, und dem legendären Zufriedenen Landmann weitaus ähnlicher, als je die Welt ahnen wird.

VERTEIDIGUNG DER INTERESSANTEN INFORMATIONEN

Es ist nur natürlich und angemessen, daß die gewaltigen Mengen explosiver Munition, welche die Kriminalromane beherbergen, und die üppigen, massiven Süßigkeiten, die in den sentimentalen Unterhaltungsromanen lagern, bei den normalen Lesern beliebt sind. Man kann unschwer dem Schluß zustimmen, daß wir alle, ignorant oder gebildet, in erster Linie am Mord und an der Liebe interessiert sind. Was wirklich erstaunlich ist, ist die Tatsache, daß die ungeheuerlichsten Fiktionen nicht so populär sind wie jene Literatur, die sich mit durchaus unbestrittenen und deprimierenden Tatsachen befaßt. Anscheinend sind die Leute doch nicht so sehr an Mord und Liebe interessiert wie an der Anzahl der verschiedenen Formen von Sicherheitsschlüsseln in London oder an der Zeit, die eine Heuschrecke benötigen würde, vom Kap bis nach Kairo zu hüpfen. Die enorme Menge banaler und nutzloser Wahrheiten, welche die am weitesten verbreiteten Zeitschriften wie *Tit-Bits* oder *Science Siftings* füllt sowie die meisten der illustrierten Magazine, gehört sicher zu den außergewöhnlichsten Formen emotionaler und geistiger Nahrung, die je Menschen zu sich genommen haben. Es scheint beinahe unglaublich, daß diese lächerlichen Statistiken tatsächlich noch beliebter sein sollten als die aufwühlendsten detektivischen Geheimnisse oder die süßesten Ausssschweifungen der Sentimentalität. Es ist, als solle man sich vorstellen, daß an langen Winterabenden die lustigen Stellen aus dem Kursbuch im Familienkreise vorgelesen werden. Es ist, als könne ein Leser die Werbung für

58

eine Patentmedizin nicht aus der Hand legen, weil ihm der Gedanke keine Ruhe läßt, was denn aus dem jungen Herrn A., der auf der Reise in E. sich plötzlich unwohl fühlte, nun geworden sein mag. Was die billigen Krimis und die billigen Liebesgeschichten angeht, so haben wir doch meist das Gefühl (ganz abgesehen vom Grad unserer Erziehung), daß sie sich lesen ließen, wenn wir dem unteren, unkomplizierteren Teil unseres Wesens vollen Spielraum zugeständen – schlimmstenfalls, so meinen wir zu spüren, würden wir sie genießen wie einen Stierkampf oder ein Besäufnis. Aber diese Informationsliteratur bleibt ein vollkommenes Mysterium. Es ist ebensowenig vorstellbar, sich damit zu amüsieren, wie es erdenklich ist, Seite auf Seite aus einem Adreßbuch zu studieren. Diese Sachen zu lesen, wäre nicht ein vulgärer Genuß, es wäre ein höchst mühevolles und verdienstreiches Unterfangen. Diese Tatsache führt zu meinem tiefen, beinahe unergründlichen Interesse an dieser Sonderform populärer Literatur.

Zunächst einmal muß ein merkwürdiger Umstand festgestellt werden, den man den Lesern dieser Texte gerechterweise zugutehalten muß. Sie sind bei der Beschäftigung mit dieser seltsamen Wissenschaft insgesamt so selbstlos wie ein Prophet, der Visionen hat, oder ein Kind, das ein Märchenbuch liest. Wie so oft kommen wir auch hier wieder darauf, daß es – welcher Interpretation der populären Literaturformen wir auch vertrauen können – am wenigsten angeht, sich auf die gewöhnliche, tadelnde Erklärung einzulassen, die unter den vulgären Gebildeten gängig ist. Die übliche Begründung für die Popularität solcher Informationen, die man von einem Menschen höherer Bildung zu hören bekommt, wäre: daß gewöhnliche Menschen sich hauptsächlich für den Alltagsschmutz der Tatsachen interessieren, welche sie ringsum umgeben. Schon die flüchtigste Prüfung dieses Erklärungsversuches wird uns zeigen, daß die Volkstümlichkeit dieser wahnwitzigen Enzyklopädien, worin immer ihr Grund liegen mag, keinesfalls etwas mit der Nützlichkeit jener Informationen zu tun hat. Die Beschreibung des Lebens in einem Kitschroman mag sehr verfärbt und unzuverlässig sein, aber sie wird zumindest mehr Tatsachen berühren, die zum Leben des Lesers in Beziehung stehen, als Berechnungen, wieviele Kuhschwänze aneinandergelegt werden müßten, damit sie vom Äquator zum Nordpol reichen. Verliebte gibt es doch viel mehr als Sammler oder Abzähler von Kuhschwänzen. Es scheint mir offensichtlich, daß der Grund dieser weitverbreiteten verrückten Sucht nach Fakten um der Fakten willen in anderen, tieferen Bereichen der Menschennatur gesucht werden muß als in jenen Lebensbedürfnissen, die so nahe an der Oberfläche liegen, daß sogar die Soziologen sie schon entdeckt haben – in ihrem uralten, profunden Instinkt, enthusiastisch die Nase in anderer Leute Angelegenheiten zu stecken, der sich schon in Kreuzzügen und Pogromen geäußert hat.

Ich hatte einmal das Vergnügen, die Bekanntschaft eines Mannes zu machen, der tatsächlich im privaten Umgang so redete, wie diese Zeitschriften schrieben. Seine Unterhaltung bestand aus fragmentierten Aussagen über Höhe, Breite, Gewicht, Zeit und Bevölkerungsmenge, und seine Unterhaltung war ein Alptraum an Langeweile. Beim kleinsten Stokken des Gespräches warf er ein, ob seine Zuhörer sich darüber im klaren wären, wieviele Tonnen Rost jährlich von der Menai-Brücke gekratzt wurden, und wieviele Konkurrenzgeschäfte Mr. Whiteley schon aufgekauft hatte, seit er seine Firma gegründet hatte. Die Haltung seiner Bekannten diesem unerschöpflichen Unterhalter gegenüber schwankte mit

seiner Ab- beziehungsweise Anwesenheit zwischen Gleich-
gültigkeit und Panik. Es war entsetzlich, zu denken, daß das
Gehirn eines Mannes mit so unaussprechlich wertlosen
Schätzen gefüllt war. Es war, als besuche man ein imposantes
Nationalmuseum, dessen lange Säle und Vitrinen mit Proben
des Straßenschmutzes, mit Mörtelstückchen, zerbrochenen
Spazierstöcken und billigem Tabak angefüllt waren. Nach
Jahren entdeckte ich, daß dieser unerträglich prosaische
Langweiler tatsächlich ein Dichter gewesen war. Ich fand
heraus, daß jede einzelne Angabe seiner Masse von Informa-
tion total, schamlos unwahr gewesen war, daß er sie vielleicht
während des Sprechens sich erst ausgedacht haben mochte.
Daß kein Gramm Rost von der Menai-Brücke gekratzt wird
und daß die Rivalen von Mr. Whiteley wie dieser selbst
Geschöpfe des Gehirns des Dichters waren. Sogleich emp-
fand ich tiefe Ehrfurcht vor dem Mann, der so detailverliebt,
so monoton, so völlig zwecklos gelogen hatte. Es war ein Fall
von reinem *L'art pour l'art.* Der Witz, den er so ernsthaft ein
ganzes würdiges Leben lang durchgehalten hatte, gehörte
zu jenen geheimen Witzen, die man nur mit der Allwissen-
heit teilt. Was mir jedoch, als ich darüber nachdachte, zwin-
gend als Folge dieser Entdeckung aufging, war die Tatsache,
daß alle diese maßlos trivialen Informationen, die mir, als ich
sie wahr glaubte, durch und durch vulgär und trocken erschienen waren, sofort reizvoll, nahezu brillant auf mich
wirkten, als ich in ihnen Erfindungen menschlicher Phantasie
sah. Und hier, glaube ich, konnte ich den Finger auf eine
Grundeigenschaft der gebildeten Klasse legen, durch welche
sie daran gehindert wird (und es vielleicht immer sein wird),
je etwas mit den Augen volkstümlicher Phantasie zu sehen.
Die bloß Gebildeten können kaum je dazu gebracht werden,
zu glauben, daß diese Welt selbst ein in sich interessanter Ort

ist. Wenn sie ein Kunstwerk betrachten, ein gutes oder schlechtes, erwarten sie, ihr Interesse geweckt zu finden, aber wenn sie eine Zeitungsanzeige oder eine Menschengruppe auf der Straße sehen, rechnen sie nicht damit, daß – ganz buchstäblich – ihr Interesse geweckt wird. Für normale und einfache Menschen ist diese Welt ein Kunstwerk, wenn auch vielleicht, wie viele große Kunstwerke, ein anonymes. Sie erwarten vom Leben etwas Interessantes, mit derselben Art fröhlicher und unerschütterlicher Zuversicht, mit der wir uns von einer Komödie einen interessanten Abend versprechen, für deren Besuch wir an der Abendkasse bezahlt haben. In den Augen der jüngsten Schule angestrengt erlesenen Geschmacks ist das Universum in der Tat ein unbeholfen gemaltes und allzubuntes Bild, das Gekrakel eines Kindes auf der Schiefertafel der Nacht – die Sternhimmel dieser Welt haben ein banales Muster, das dieser Geschmack sich nicht als Tapete ins Zimmer hängen würde, und die Blumen und Früchte haben eine Cockney-Buntheit wie der Sonntagshut eines Arbeitermädchens. Daher, von der Kunst auf deren eigenes Niveau herabgezerrt, haben sie völlig den primitiven und typischen Geschmack der Menschheit verloren: den für Neuigkeiten. Mit diesem wesentlichen Faible für Neuigkeiten meine ich das Vergnügen, das sich damit verbindet, die reine Tatsache zu erfahren, daß ein Mann im Alter von hundertzehn Jahren in Südwales gestorben ist, oder daß bei einem Begräbnis in San Francisco die Pferde durchgegangen sind.

Ein riesiger Teil des frühen Glaubens, der frühen Politik auf der Welt, eine Unzahl von Mirakeln und heroischen Geschichten beruht in erster Linie auf dieser Liebe zu etwas, das eben erst geschehen ist, auf dieser göttlichen Einrichtung des Klatsches. Als das Christentum als Evangelium, als Frohe Botschaft, bezeichnet wurde, verbreitete es sich schnell, nicht nur, weil die Botschaft froh war, sondern weil es eine Botschaft, eine Neuigkeit war. Und so haben wir, wenn wir uns je im Zug mit einem Bauarbeiter über die Tageszeitung unterhalten haben, in der Regel festgestellt, daß sich der Bauarbeiter weniger für die Kämpfe in Parlamenten und Gewerkschaften interessiert (die manchmal zu seinem Nutzen sind und es angeblich immer sein sollen), sondern für die Tatsache, daß auf den Orkneys ein ungewöhnlich großer Wal an Land geschwemmt worden ist, oder daß irgendein maßgeblicher Millionär wie Mr. Harmsworth – wie gemeldet wird – hundert Pfeifen im Jahr durchbeißt. Die gebildeten Klassen, übersättigt und demoralisiert vom ausschließlichen, ausschweifenden Kunst- und Gefühlsgenuß, sind nicht mehr in der Lage, das beiläufige, großartige, objektive Interesse der Leser von *Pearson's Weekly* zu begreifen. Diese haben sich noch etwas von jenem Gefühl bewahrt, das das Geburtsrecht aller Menschen sein sollte – dem Gefühl, daß der Planet wie ein neues Haus ist, in das wir gerade mit Sack und Pack eingezogen sind. Jede Einzelheit darin hat ihren Wert, und mit dem Instinkt des wahren Sportsmanns findet der Durchschnittsleser das größte Vergnügen in jenen Einzelheiten, die besonders kompliziert, nebensächlich und gleichzeitig schwer herauszufinden und nutzlos sind. Jene Partien einer Zeitung, in denen von Riesenstachelbeeren und Froschregenfällen die Rede ist, sind die modernen Beispiele der volkstümlichen Einbildungskraft, welche die Hydra und den Werwolf und die hundsköpfigen Menschen geschaffen hat. Wenn man von Drachen erzählte oder wenn es hieß, jemand habe den Teufel gesehen, so waren die Menschen des Mittelalters nicht deshalb interessiert, weil sie glaubten, es handle sich um eine schöne Prosa-Idylle, sondern weil sie meinten, man habe das tatsächlich eben erst gesehen. Es war dies keine kunstvolle Literatur, eine Fluchtzone, welche der stumpfen Langeweile der Welt entspricht – es war ein Vorfall, an dem die fruchtbare Poesie der Welt zum Vorschein kam.

Daß sich vieles gegen die Informationsliteratur sagen läßt (und gesagt wird), möchte ich keinen Augenblick lang bestreiten. Sie ist formlos, sie ist trivial, sie vermittelt unter Umständen den illusionären Stolz eines Scheinwissens, sie fällt fraglos mit der gesamten restlichen populären Literatur unter das Verdikt, daß sie vielleicht die Möglichkeit besserer Betätigung blockiert, sicherlich durch Zeitverschwendung, möglicherweise durch Verderbnis des Geschmacks. Doch diese naheliegenden Einwände werden ständig von allen Seiten vorgebracht, und man muß sich fragen, woher die fraglichen Zeitschriften denn ihre Myriaden von Lesern haben. Die natürliche Notwendigkeit und das natürliche Gute, welche die Grundlage solcher grobschlächtiger Einrichtungen bilden, sind sehr viel seltener Gegenstand der Reflexion. Und doch ist der gesunde Hunger, der hinter den Gewohnheiten der modernen Demokratie liegt, sicherlich derselben einfühlsamen Sympathie würdig, die wir den Dogmen längst entthronter Fanatiker und den Intrigen schon lange vom Antlitz der Erde verschwundener Reiche widmen. Und dies ist es, was ich als Ausgangspunkt und Überlegung anzubieten habe: daß vielleicht das Interesse an den Fetzchen und Flicken journalistischer Historie und journalistischer Wissenschaft nicht, wie stets behauptet wird, der gemeinen und senilen Neugier eines altgewordenen Volkes entspringt, sondern einfach der kindlichen, unterschiedslosen Neugier eines noch jungen Volkes, das erst in die Geschichte eintritt. Mit anderen Worten, ich erkläre mir die Sache so, daß die Leute sich in den Magazinen nur dieselben Geschichten von Alltagszeichen und Alltagswundern erzählen, die sie sich ohnehin im Wirtshaus erzählt hätten. Die Wissenschaft selbst ist nur die Übertreibung und Spezialisierung dieses auf Unnützes gerichteten Wissensdurstes, der das Zeichen der Menschjugend ist. Doch die Wissenschaft hat sich seltsam abgesondert von den bloßen Neuigkeiten und Skandalbotschaften von Blume und Vogel – die Menschen sehen nicht mehr, daß ein Pterodaktylos einst so frisch und natürlich war wie eine Blume, daß eine Blume so monströs ist wie jene Flugechse. Diese Brücke zwischen der Wissenschaft und der Menschennatur wieder zu errichten, ist eines der größten Bedürfnisse der Menschheit. Wir müssen alle beweisen, daß wir, ehe wir zu Visionen und Neuschöpfungen voranschreiten, mit einem Planeten voller Wunder zufrieden sein können.

VERTEIDIGUNG
DER HERALDIK

Die moderne Auffassung der Heraldik ist mit den Worten des berühmten Rechtsanwaltes recht exakt wiederzugeben, der, nachdem er längere Zeit ein ehrwürdiges Mitglied des für Wappenrechtsfragen zuständigen *College of Arms* ins Kreuzverhör genommen hatte, das Ergebnis in die Bemerkung zusammenfaßte: »Der läppische Alte versteht nicht einmal sein läppisches altes Metier.«

Die eigentliche Heraldik war natürlich eine streng begrenzte und rein aristokratische Angelegenheit, doch diese Beschreibung verlangt nach einer Einschränkung, deren Gewicht allgemein nicht gewürdigt wird. In gewissem Sinn gab es auch eine plebejische Heraldik, da jeder Kramladen wie jedes Schloß nicht nur einen eigenen Namen, sondern auch ein eigenes Wahrzeichen hatte. Das ganze Ordnungssystem entstammt einem Zeitalter, wo die Bilderschrift noch die Welt regierte. In diesen Tagen konnten nur wenige lesen und schreiben – sie unterzeichneten statt ihres Namens mit einem bildlichen Symbol, einem Kreuz: Und ein Kreuz ist bei den meisten Namen eine große Verbesserung.

Nun gibt es einen eigenartigen Einfluß von Bildzeichen auf das Denken der Menschen. Alle Buchstaben, so lesen wir, waren ursprünglich bildlich und heraldisch – so ist das A das Porträt eines Ochsen, wenn dieses Porträt inzwischen auch auf so impressionistische Manier gegeben wird, daß bei seiner Betrachtung nicht mehr viel von ländlicher Atmosphäre einzufangen ist. Doch solange noch eine bildlich-poetische Qualität in den Symbolen verbleibt, muß der ständige Umgang mit ihnen zur ästhetischen Erziehung derer beitragen, welche sie gebrauchen. Die Wirtshäuser sind mittlerweile beinahe die einzigen Geschäfte, die noch die alten Schilder verwenden, und ihre geheimnisvolle Anziehungskraft mag (optimistischerweise) so zu erklären sein. Es gibt Wirtshäuser mit so traumhaft-kostbaren Namen, daß selbst ein Abstinenzler wie Sir Wilfrid Lawson einen Augenblick vor ihnen zögern könnte, bis der Dichter in ihm sich mit dem Moralisten auseinandergesetzt hätte. So war es mit den heraldischen Bildern. Man kann unmöglich glauben, daß der rote Löwe von Schottland auf diejenigen, die ihn als Zeichen benutzten, wie ein bloßes, beliebig vereinbartes Zeichen wirkte, etwas wie eine Zahl oder eine Letter – undenkbar, daß den schottischen Königen ein Schwein oder ein Frosch ebenso recht gewesen wäre. Es liegen in solchen Bildzeichen wie gesagt gewisse wirksame Vorteile, und dazu gehört, daß alles Bildliche zu etwas aufruft, ohne es zu benennen oder zu definieren. Es gibt einen Weg vom Auge zum Herzen, der nicht durch das Hirn führt. Man streitet sich nicht über die Bedeutung von Sonnenuntergängen; niemand zieht in Zweifel, daß der Weißdorn die schönsten und treffendsten Bemerkungen zum Frühling macht.

So gab es also in den alten Tagen der Aristokratie diese weitverzweigte Bildsymbolik aller Farben und Ränge des Adels. Als der große Posaunenstoß der Gleichheit ertönte, geschah gleich darauf einer der größten Irrtümer in der Geschichte der Menschheit. Dann all dieser Stolz und diese Augenlust, all diese ragenden Bilder und leuchtenden Farben hätten an die ganze Menschheit verteilt werden sollen. Der Tabakhändler hätte einen Wappenhelm bekommen müssen und der Käsekrämer ein Feldgeschrei. Der Milchmann, der Margarine als Butter verkaufte, hätte das Gefühl haben müssen, er habe den Ehrenschild der Higgins befleckt. Statt dessen begingen die Demokraten den schlimmen Fehler (einen Fehler, der an der Wurzel unserer ganzen modernen Malaise liegt), die menschliche Pracht und Größe der Vergangenheit zu verringern, anstatt die der Gegenwart zu vergrößern. Sie sagten nicht, wie sie es hätten tun sollen, zu dem gemeinen Bürger: »Du bist ebensogut wie der Herzog von Norfolk«, sie gebrauchten die schäbigere demokratische Formulierung: »Der Herzog von Norfolk ist auch nicht besser als du.«

Denn es läßt sich nicht leugnen, daß die Welt gegen Anfang des neunzehnten Jahrhunderts zu ihrem Unglück etwas endgültig verloren hat. In allen Zeiten galt die Masse der Menschen als gering und gewöhnlich, doch nur als vergleichsweise gering und gewöhnlich: Sie wurde in den Schatten gestellt von hohem Rang und ruhmvoller Tätigkeit. Mit dem viktorianischen Zeitalter kam ein Denken auf, das die Menschen nicht als vergleichsweise, sondern als grundsätzlich gering und gewöhnlich betrachtete. Ein Mann einer hervorgehobenen sozialen Stellung mußte sich schäbig-trivial kleiden, als wäre dies seiner Natur gemäß und als wäre er schon mit einem schwarzen Zylinderhut geboren. Man begann es lächerlich zu finden, wenn ein Mann schöne Kleider statt – was natürlich in Wahrheit lächerlich ist – ausgesucht häßlicher trug. Man hielt es für affektiert, wenn er eine kühne und heroische Sprache führte, obwohl doch selbstverständlich die gefühlvolle Redeweise die natürliche und die im gewöhnlichen Sinn höfliche die affektierte ist. Die ganze Auffassung von Schön und Häßlich, Würdig und Schändlich, kehrte sich um. Schönheit wurde zu einer Extravaganz, als ob nicht Zylinder und Regenschirm das wahrhaft Extravagante gewesen wären. Würde erschien nun als eine Art Narretei und Schamlosigkeit, als wäre nicht das Wesen des Narren sein Mangel an Würde. Und die Folge ist, daß man kaum mehr eine Auszeichnung oder öffentliche Ehrung vorschlagen kann, ohne die modernen Menschen zum Lachen zu bringen. Sie lachen über den Gedanken, jemand könnte ein Wappen führen, anstatt über ihre eigenen Stiefeletten und Krawatten zu lachen. Es ist uns untersagt, zu fordern, die Händler sollten eine eigene Poesie bekommen, und doch gibt es nichts Poetischeres als den Handel. Der Krämer sollte ein Wappen haben, das seiner seltsamen Ware würdig ist, die aus fernen, wunderbaren Ländern zu ihm kommt; der Postbote sollte ein Wappen tragen, das die hohe Ehre und Verantwortung des Mannes ausdrückt, der die Seelen der Menschen in seiner Tasche trägt; der Apotheker sollte ein Wappen führen, das etwas von den Mysterien seines Hauses der Heilkräfte symbolisiert, jener Höhle barmherziger Zauberei.

In der Französischen Revolution gab es eine Gruppe von Leuten, über die jedermann lachte, und über die nicht zu lachen in der Tat wohl schwierig gewesen sein dürfte. Sie versuchten mit großen hölzernen Statuen und nagelneuen Feiertagen die ungewöhnlichsten neuen Religionen einzurichten. Sie verehrten die Göttin der Vernunft, die doch von allen – auch wenn man die vielen Verdienste dieser Religionsstifter angemessen in Rechnung stellt – ihnen am wenigsten gelächelt zu haben scheint. Doch diese Tollköpfe, von denen sich die alte Ordnung ebenso wie die neue lossagte, waren Menschen, die eine große Wahrheit erkannt hatten, von der weder die alte noch die neue Ordnung etwas wußten. Sie hatten gesehen, was den Weisen und Aufgeklärten, was der ganzen modernen demokratischen Zivilisation bis auf den heutigen Tag verhüllt blieb. Sie erkannten, daß die Demokratie eine Heraldik, daß sie stolze und bunte Feste und Umzüge braucht, wenn sie sich stets ihrer eigenen erhabenen Mission bewußt bleiben will. Unglücklicherweise ist die Welt in dieser Hinsicht eher der englischen als der französischen Demokratie gefolgt, und wer einst auf das neunzehnte Jahrhundert zurückblickt, dem wird es sicherlich so erscheinen wie uns die Zeit der Puritaner, als eine Zeit schwarzer Röcke und finsterer Mienen. Urteilte man nach dem seltsamen Leben, das die Menschen in dieser Zeit führten, so könnte man meinen, sie gingen zum Begräbnis der Freiheit statt zu ihrer Taufe. Wenn der Augenblick kommt, wo wir wirklich an die Demokratie glauben, wird sie zu blühen beginnen wie einst die Aristokratie blühte, in symbolischen Farben und Formen. Wir werden nie etwas aus der Demokratie machen, wenn wir nicht aus uns selbst Narren zu machen verstehen. Denn wenn einer nicht versteht, sich zum Narren zu machen, dann kann man ganz sicher sein, daß die Anstrengung ohnehin überflüssig wäre.

VERTEIDIGUNG HÄSSLICHER DINGE

Es gibt gewisse Leute, die behaupten, daß ihnen das Äußere, das Geschlecht, die Erscheinung einer anderen Person gleichgültig wären, daß es ihnen nur um die Verbindung zweier Geister ginge, doch um die brauchen wir uns hier nicht zu kümmern. Es gibt Behauptungen, die nie jemand zu glauben gedenkt, wie oft sie auch aufgestellt werden.

Doch während uns nichts auf der Welt dazu überreden könnte, zu glauben, daß ein enger Freund von, sagen wir, Herrn Forbes Robertson, nicht mit Überraschung und Unbehagen reagieren würde, sähe er diesen in der körperlichen Form von Herrn Chaplin ins Zimmer treten, so wird doch ständig die Anziehungskraft des Äußeren, welche allgemein und natürlich ist, verwechselt mit der Anziehung durch den sogenannten Schönen Körper, die nicht ganz natürlich und durchaus nicht allgemein ist. Oder, um es genauer zu fassen: Die Vorstellung von körperlicher Schönheit ist derart auf eine bestimmte Form von Körperschönheit eingeengt worden, daß diese die Möglichkeiten äußerlicher Attraktivität ebensowenig erschöpft, wie die Vorstellungswelt eines achtbaren Mannes in einem bourgeoisen Vorort – sagen wir: Clapham – schon alle Möglichkeiten moralischer Attraktivität enthält.

Die Menschheit ist in dieser Angelegenheit von den Griechen tyrannisiert und getäuscht worden. All ihre herrlichen Taten für die Zivilisation hätten uns nicht so völlig darüber hinwegsehen lassen dürfen, daß sie eine große und furchtbare Sünde gegen die Vielfalt des Lebens begangen haben. Es ist bemerkenswert, daß man zwar schon vor langer Zeit

71

gegen die Juden protestiert hat, die man anklagt, der Welt mit einer strengen und einseitigen Ethik zu schaden, daß aber niemand bemerkt hat, daß uns die Griechen auf eine unendlich schrecklichere Askese verpflichtet haben – eine Askese der Phantasie, eine Verehrung eines einzigen ästhetischen Typus. Die jüdische Strenge hatte immerhin als Grundlage den guten Alltagsverstand – man erkannte, daß die Menschen in einer Welt der Tatsachen leben, und daß eine Heirat innerhalb der Blutsverwandtschaft bestimmte Folgen haben konnte. Doch sie ließen ihren Instinkt für Widersprüche und merkwürdige Verbindungen nicht verkümmern – ihre Propheten gaben dem Ochsen zwei Flügel und den Cherubim jede Menge Augen, mit der schöpferischen, übermütigen Kühnheit eines Lewis Carroll. Die Griechen aber führten ihre Polizeiordnung bis ins Feenreich hinein durch. Sie verboten nicht nur die ungehörigen Liebschaften dieser tatsächlichen Welt, sondern auch die wilden Ehen der Ideen und ließen die Gedanken nicht vor den Hochzeitsaltar.

Es ist ein höchst seltsames Schauspiel, wie sich die Monstren des griechischen Mythos unter dem verheerenden Einfluß des Apollo von Belvedere nach und nach schwächen und verdünnen. Die Chimäre war einst ein Wesen, auf das jedes Volk mit gesundem, kräftigem Geist hätte stolz sein können, doch wenn wir sie auf griechischen Bildern sehen, fühlen wir uns aufgerufen, ihr eine Schleife um den Hals zu binden und ein Schälchen Milch vorzusetzen. Wer hat je das Gefühl gehabt, daß die Riesen der griechischen Kunst wirklich groß waren – groß, wie manche Riesen in den Märchen es gewesen sind? Es gibt eine skandinavische Geschichte, wo der Held Meile um Meile einen Gebirgskamm entlang geht, um schließlich zu entdecken, daß er sich auf dem Nasenrücken des Riesen befindet. Das ist es, was wir mit gutem Gewissen als einen großen Riesen bezeichnen würden. Doch die Erdbebenwucht dieser Form von Phantasie erschreckte die Griechen, und ihr Erschrecken hat die ganze Menschheit aus ihrer natürlichen Liebe zu Größe, Lebendigkeit, Vielfalt, Energie, Häßlichkeit gescheucht. Die Natur wollte jedes Menschengesicht, das nur eindrücklich und individuell sein mußte, von allen anderen unterscheidbar sehen, wie eine Pappel von einer Eiche und einen Apfelbaum von einer Weide. Doch was die Gartenkunst der Holländer mit den Bäumen gemacht hat, das haben die Griechen der Menschengestalt angetan – sie haben ihre lebenden und ungebärdigen Züge abgehackt, um ihr eine bestimmte akademische Form zu geben. Sie haben Nasen abgeschnitten und Kinne zurechtgehackt, mit einer fürchterlichen gärtnerischen Gelassenheit. Und es ist ihnen wirklich gelungen, daß wir manche der machtvollsten und liebenswürdigsten Gesichter als häßlich bezeichnen und manche der dümmsten und widerlichsten Gesichter als schön. Diese schändliche *via media,* dieses bejammernswerte Gefühl von Würde, hat sich tiefer in die Seele der modernen Zivilisation gefressen als der äußerliche und praktische Puritanismus Israels. Der Jude hieß einen Menschen schlimmstenfalls in Ketten tanzen; der Grieche stellte ihm eine erlesene Vase auf den Kopf und hieß ihn sich nicht zu bewegen.

Die Schrift sagt, daß ein Stern sich vom anderen unterscheide in seiner Pracht, und das gleiche gilt für die Nasen. Darauf zu insistieren, daß ein bestimmter Gesichtstypus häßlich sei, weil er nicht dem der Venus von Milo gleicht, stellt die Sache in ein falsches Licht. Es ist seltsam, daß wir es anderen Menschen übelnehmen sollten, daß sie anders sind als wir – wir sollten es ihnen ja vielmehr übelnehmen, wenn sie uns ähneln. Dieses Prinzip hat in der Literaturkritik schon genug

Unheil angerichtet, wo es stets Brauch ist, sich über den Mangel an Logik in einem Märchen und das völlige Fehlen echter rhetorischer Kraft in einer Drei-Akte-Farce zu beklagen. Doch das Gesicht eines anderen Menschen häßlich zu nennen, weil es auf kraftvolle Weise die Seele jenes anderen Menschen zum Ausdruck bringt, das heißt, sich zu beklagen, daß ein Krautkopf nicht zwei Beine hat. Wenn wir das tun, kann der Krautkopf nur noch darauf hinweisen – streng, aber gerecht – daß wir schließlich nicht am ganzen Leibe grün sind.

Doch diese kühle Theorie des Schönen hat sich höchstens dem Namen nach die Kunst der Welt unterworfen. In manchen Bereichen ist sie in der Tat nie zur Macht gelangt. Ein Blick auf chinesische Drachen oder japanische Götter genügt, um klarwerden zu lassen, wie unabhängig die orientalischen Völker von der konventionellen Idee des regelmäßig gebildeten Antlitzes und Körpers sind, und mit wie eifriger, hitziger Freude sie die wahre Schönheit genießen, die der hervorquellenden Augen, der gespreizten Krallen, der klaffenden Münder und sich windenden Leiber. Im Mittelalter brachen die Menschen mit dem griechischen Maß der Schönheit und türmten verehrungsvoll große Bauten zum Himmel, die mit tanzenden Affen und Teufeln belebt schienen. Im vollen Sommer technisch-künstlerischer Meisterschaft wurde die Revolte durch das Studium des Menschenantlitzes auf ihren Höhepunkt geführt. Rembrandt verkündete das verständige und männliche Evangelium, daß ein Mann seine Würde nicht dann hat, wenn er aussieht wie ein griechischer Gott, sondern wenn er eine starke, eckige und knüppeldicke Nase hat, einen massiv sich wölbenden Kopf wie einen Helm und einen Kiefer wie ein Fangeisen.

Dieser Zweig der Kunst wird meist als »das Groteske«

abgetan. Ich habe nie begriffen, warum es demütigend sein sollte, Gelächter zu erregen, da man so anderen einen hohen künstlerischen Genuß bereitet. Wenn ein Herr, dem wir auf der Straße begegnen, bei unserem Anblick in Tränen ausbricht, könnte man das beunruhigend und wenig schmeichelhaft finden, doch Lachen ist nie beunruhigend. Tatsächlich ist der Ausdruck »grotesk« eine irreführende Beschreibung des Häßlichen in der Kunst. Es folgt überhaupt nicht, daß die chinesischen Drachen oder die gotischen Wasserspeier oder die koboldhaften alten Frauen Rembrandts irgendwie komisch wirken sollen. Ihre Extravaganz war nicht die der Satire, sondern schlicht die Extravaganz ihrer Vitalität. Hier liegt der Schlüssel zum Ort des Häßlichen in der Ästhetik. Wir finden es schön, wenn eine Felsenklippe mit schamloser Entschiedenheit aus einem Kliff hervorragt, wir sehen die roten Fichten gern trotzig auf einem Bergkamm stehen, wir bewundern den Anblick eines Abgrundes, der von einer Seite zur anderen ein Gebirgsmassiv zerreißt. Mit ebensolchem Enthusiasmus sehen wir das rote Haar eines Freundes auf seinem Kopfe aufgerichtet und sehen seinen Mund breit und scharfgeschnitten wie ein Gebirgstal. Zumindest manche von uns sehen all dies gerne. Es ist nicht eine Frage des Humors. Wir brechen beim Anblick der Fichten oder des Abgrundes nicht sogleich in Gelächter aus, doch wir sehen sie gerne, da sich in ihnen die dramatische Ruhe der Natur ausdrückt, ihre kühnen Versuche, ihre endgültigen Brüche, ihre Furchtlosigkeit und ihr wilder Stolz auf ihre Kinder. Haben wir einmal den Bann der konventionellen Vorstellung von Schönheit gebrochen, warten Millionen schöner Gesichter überall auf uns, so wie es Millionen schöner Seelen gibt.

VERTEIDIGUNG
DER FARCE

Ich habe nie begriffen, weshalb bestimmte Kunstformen als etwas Heruntergekommenes und Triviales eingegrenzt werden sollten. Von einer Komödie heißt es da, sie »gleite ab in die Farce« – es wäre eine angemessene Kritik, sagte man, sie »wechselte zur Farce«, aber was das Abgleiten angeht, so könnten wir mit ebensolcher Berechtigung sagen, daß ein Stück in die Tragödie abgleitet. Wiederum heißt es von einer Geschichte, sie sei »melodramatisch«, was merkwürdigerweise nicht als Kompliment gemeint ist. Etwas mit der Pantomime in Verbindung zu bringen oder es »sensationalistisch« zu nennen, gilt unschuldigerweise als beißender Spott, mag der Himmel wissen warum, denn alle Kunstwerke sind sensationell, indem sie an unsere Sinneswahrnehmungen appellieren, und eine gute Pantomime (nun verschollen) ist eine der schönsten Sensationen, die es gibt. »Das hier Erzählte taugt nur zu einer Detektivgeschichte«, heißt es oft, als sagte einer: »Das taugt nur zu einem Epos.«

Was immer es mit dieser Form der Zuordnung auf sich haben mag und wie sich hier Recht und Unrecht verteilen, es gibt keinen Zweifel, daß dies eine ganz praktische und verheerende Folge hat. Diese leichteren oder wilderen Formen von Unterhaltung, denen kein Maßstab gesetzt wird und die kein großzügiger künstlerischer Stolz emporhebt, werden nun tatsächlich nach und nach so schlecht, wie man es ihnen nachgesagt hat. Vernachlässigte Kinder der großen Mutter, wachsen sie schmutzig und ohne Schule im Dunkeln auf, und wenn sie einmal recht haben, dann fast durch Zufall, kraft des Blutes in ihren Adern. Die gewöhnliche Detektivgeschichte mit ihren Geheimnissen und Morden muß dem intelligenten Leser als wenig mehr erscheinen denn ein seltsamer Blick auf einen Planeten, bewohnt von totalen Kretins, die nicht einmal die eigene Nasenspitze finden oder sich über die Treue ihrer Frau klarwerden können. Die gewöhnliche Pantomime erscheint wie ein schreckliches satirisches Bild einer Welt ohne Ursache und Wirkung, einer Masse »sich stoßender Atome«, eine lange Folter durch Irrelevanz. Die gewöhnliche Farce erscheint als Welt beinahe mitleiderregender Vulgarität, wo eine schwachsinnige und schwächliche Kreatur Angst hat, wenn die Frau nach Hause kommt und sich amüsiert zeigt, wenn sie über die Schwelle fällt. All das stimmt in gewisser Weise, doch niemand und nichts im Himmel und auf Erden ist daran schuld als die Haltung und die Schlagwörter, die zu Beginn des Artikels benannt wurden. Ich habe gar keinen Zweifel, daß andere Kunstformen, wären sie mit ähnlicher Verachtung behandelt worden, ähnlich verachtungswürdig geworden wären. Hätte man von »Sonetten« mit demselben Ton gesprochen wie man heute von »Varietéschlagern« spricht, dann wäre ein Sonett etwas so wunderbar Fürchterliches geworden, daß man beinahe bedauern muß, kein Beispiel dafür zu besitzen; von einem vulgär daherlärmenden Sonett läßt sich nur träumen. Wenn die Leute stets gesagt hätten, daß Epen nur für Kinder und Dienstmädchen gut seien, dann wäre aus *Paradise Lost* eine durchschnittliche Pantomime geworden, etwa mit dem Titel: *Satan als Harlekin, oder: Adam und Emma.* Denn wer würde sich die Mühe geben, ein Werk zu seiner Vollendung zu bringen, wenn bei einem solchen Werk selbst die Vollendung nur grotesk sein kann? Warum sollte Shakespeare den *Othello* schreiben, wenn selbst sein Triumph bei der Kritik sich in dem Satz ausdrücken würde: »Mr. Shakespeare sollte sich wirklich zu schade dazu sein, Tragödien zu verfassen?«

Der Fall der Farce (und ihrer wilderen Verkörperung in der Harlekinade) ist von besonderer Bedeutung. Daß diese großen, legitimen Kunstformen, geadelt durch Aristophanes und Molière, solcher Verachtung verfallen sind, mag auf viele Gründe zurückzuführen sein – ich selbst habe wenig Zweifel daran, daß es an dem in erstaunlichem und lächerlichem Maße mangelnden Glauben an Hoffnung und Heiterkeit liegt, welcher für die moderne Ästhetik charakteristisch ist, und zwar so sehr, daß er sich bereits auf die Revolutionäre (einst die hoffnungsvolle Fraktion der Menschheit) ausgedehnt hat, so daß selbst jene, die uns auffordern, die Sterne ins Meer zu schleudern, sich kaum wirklich sicher sind, daß sie dort irgendwie besser aufgehoben sind als zuvor. Jede Form literarischer Kunst muß das Symbol einer bestimmten Stimmung des Menschengeistes sein – doch während die Stimmung selbst im menschlichen Leben hinreichend überzeugend wirkt, muß sie in der Kunst eine gewisse Schlüssigkeit und Geschicklichkeit der Form haben, um ihren Mangel an Wirklichkeit auszugleichen. So mögen alle möglichen kleinen Teegesellschaften junger Leute in einem Salon alle Komik der Gefühlsverwicklungen von *Viel Lärm um Nichts* oder *Northanger Abbey* in sich bergen, doch würden ihre Gespräche wörtlich wiedergegeben, hätte man nicht unbedingt einen Beitrag zur Literatur gewonnen. Ein alter Mann, der an seinem Feuer sitzt, mag all die tragische, verlorene Größe eines Lear oder Goriot haben, doch will er in die Literatur, muß er etwas anderes tun als nur am Feuer zu sitzen. Die künstlerische Rechtfertigung der Farce und der Pantomime besteht in den Gefühlen des Lebens, welche ihnen entsprechen. Und diese Gefühle werden in einem unglaublichen

Ausmaß durch das moderne Credo erdrückt, daß nur die schmerzvolle Seite des Daseins zählt. Leid, sagt man, ist das im Leben dominierende Element, doch das ist nur in einem sehr speziellen Sinne richtig. Wenn das Leid einen einzigen Augenblick lang tatsächlich im Leben das dominierende Element wäre, dann würde man am nächsten Morgen jedermann am Kleiderhaken aufgeknüpft finden. Leid, als Schwärze und Katastrophe, zieht den jungen Künstler an, so wie der Schuljunge am liebsten Teufel, Skelette und Galgen kritzelt. Doch Freude ist ein sehr viel flüchtigeres und schwer zu erhaschendes Ding, da sie der Grund für unsere Existenz ist, und ein Grund mit sehr weiblicher Logik; sie vermengt sich mit jedem Atemzug, den wir holen, jeder Tasse Tee, die wir trinken. Die Literatur der Freude ist unendlich schwieriger, seltener und triumphaler als die schwarz-weiße Literatur des Leidens. Und von allen Formen der Literatur der Freude ist diejenige, die der moralischen Verehrung und des künstlerischen Ehrgeizes am würdigsten ist, jene, welche man als Farce bezeichnet, oder die wildere Form der Farce, die Pantomime.

Den stillsten Menschen, der im ruhigsten Haus sitzt, wird manchmal ein plötzlicher und jeder Bedeutung barer Hunger nach den Möglichkeiten und Unmöglichkeiten der Dinge überkommen. Plötzlich fragt er sich, warum aus der Teekanne nicht auf einmal Honig oder Salzwasser strömen sollte, warum nicht die Uhr gleichzeitig auf alle Stunden des Tages zeigen, die Kerze grün oder karmesinrot brennen, die Tür sich statt auf eine Londoner Straße auf einen Teich oder ein Kartoffelfeld öffnen sollte. Auf jeden, der diesen namenlosen Anarchismus verspürt, hat sich für eine kleine Weile der fortdauernde Geist der Pantomime gesenkt. Von dem Clown, der den Polizisten in zwei Teile zerlegt, könnte man sagen (ohne dunkle Nebenbedeutung), daß er eine unserer Visionen wahrmacht. Und man muß hier darauf hinweisen, daß diese »private« Qualität in der Pantomime vollkommen symbolisiert und erhalten wird durch die ganz gewöhnliche, die Cockney-Szenerie und Alltagsarchitektur, die für Pantomime und Farce typisch ist. Wenn dies alles in einer fremden Atmosphäre vor sich ginge, wo ein Birnbaum Äpfel trüge oder ein Fluß aus Wein vorüberströmte, in einem fernen Feenreich – dann wäre die Wirkung eine durchaus andere. Die Straßen und Läden und Türklopfer der Harlekinade, die sie dem vulgären Ästheten als gewöhnlich erscheinen lassen, machen in Wahrheit essentiell den ästhetischen Reiz des Widerspruches aus. Es muß eine richtige, moderne Tür sein, die auf und zu geht und ständig verschiedene Interieurs zeigt, es muß ein richtiger Bäcker sein, dessen Brotlaibe hoch in die Luft fliegen, ohne daß er sie berührt hätte, oder der ganze innere Reiz dieser zauberischen Invasion der alltäglichen Wirklichkeit, dieser abrupte Auftritt von Puck in Pimlico, ginge verloren. Eines Tages wird vielleicht, wenn die gegenwärtige schmalbrüstige Ästhetik aufgehört hat, den Begriff zu monopolisieren, die glorreiche Form einer Kunst der Farce in Mode kommen. Lange, nachdem man aufgehört haben wird, die Wohnungen grün und grau zu dekorieren und sie mit japanischen Vasen auszustatten, baut sich vielleicht ein Ästhet ein Haus nach den Prinzipien der Pantomime, wo alle Türen ihre Klingeln und Klopfer auf der Innenseite tragen, wo alle Treppenstufen auf Knopfdruck verschwinden, und alle Mahlzeiten fertig gekocht (und grotesk genug aussehend) aus der Versenkung emporschnellen. Wir sind uns zumindest sicher, daß es ebenso vernünftig wäre, Leben und Wohnung nach dieser Art Kunst zu ordnen als nach irgendeiner anderen.

Die ganze Sichtweise, die sich in Farce und Pantomime ausdrückt, mag uns irrsinnig erscheinen, doch fürchte ich, daß wir es sind, deren Sinn verwirrt ist. Nichts ist in diesem seltsamen Zeitalter des Übergangs so deprimierend wie seine Lustigkeit. Die brillantesten Autoren des Tages setzen sich an die Produktion komischer Literatur mit einem fatalen, nachteiligen Trugschluß: Der Vorstellung, daß komische Literatur in irgendeiner Weise oberflächlich sei. Sie schenken uns dann kleine Nippes, mit deren Brüchigkeit sie geradezu prahlen, obwohl zweitausend Jahre den Torheiten der *Frösche* ebensowenig anhaben konnten wie der Weisheit von Platons *Staat*. Es ist alles ein jämmerlich schäbiger Ersatz für die Freude. Wenn wir aus einer Aufführung des *Sommernachtstraums* kommen, fühlen wir uns den Sternen ebenso nahe wie nach einer Aufführung des *König Lear*. Denn die Freude dieser Werke ist älter als das Leid, ihre Extravaganz vernünftiger als unsere Bedächtigkeit, ihre Liebe stärker als der Tod.

Die alten Meister eines gesunden Wahnsinns, Aristophanes oder Rabelais oder Shakespeare, gerieten sicher oft mit den Pedanten oder Asketen ihrer Zeit aneinander, doch glaube ich, daß sie aufrichtige Strenge und ehrliche Selbstqual sicherlich respektierten. Welchen Abgrund der Verachtung aber, jedem modernen Menschen unvorstellbar, hätten sie einem ästhetischen Typus vorbehalten, der die Moralvorstellungen verletzte und dabei nicht einmal sein Vergnügen fand, der das gesunde Maß verwarf und keinen Überschwang erreichte, der sich mit einer Narrenkappe begnügte, an der keine Schellen klangen!

VERTEIDIGUNG
DER DEMUT

Heute eine der Kardinaltugenden zu verteidigen hat einen geradezu lasterhaften Reiz. Moralische Gemeinplätze sind so häufig angegriffen worden, daß sie nun im Glanz brillanter Paradoxa funkeln. Und ganz besonders den, der – in dieser Zeit des egoistischen Idealismus – die Demut verteidigt, umgibt eine Aura des raffiniert Verruchten.

Es gehört nicht zu meiner Absicht, die Demut aus praktischen Gründen zu verteidigen. Praktische Gründe sind uninteressant, und außerdem ist das Entlastungsmaterial für die Demut aus praktischen Gründen überwältigend. Wir wissen alle, daß die »göttliche Gloriole des Ego« gesellschaftlich gesehen ein ständiges Ärgernis ist; wir alle schätzen an unseren Freunden Bescheidenheit, Frische und eine schlichtes Herz. Aus welchem Grund auch immer, wir respektieren die Demut wärmestens – bei anderen.

Doch der Grund muß tiefer liegen. Wenn sich die Demut nur aus Gründen der gesellschaftlichen Bequemlichkeit empfehlen ließe, dann könnten diese ganz trivial und zeitbedingt sein. Die Egoisten wären vielleicht die Märtyrer einer edleren Vision, unter Schmerzen sich auf ein höheres Ideal zukämpfend. Bedenkt man ihre vergleichsweise gequälte Haltung in Gesellschaft, scheint dies eine vernünftige Hypothese.

Eines muß man gleich zu Beginn bei der Erforschung der Demut sehen, von einem wesentlichen, ewigen Standpunkt aus. Die neue Philosophie der Selbstwertschätzung und der Selbstbehauptung erklärt, daß die Demut ein Laster sei.

Wenn dem so ist, dann ist ganz klar, daß sie zu den Lastern gehört, welche ein integraler Bestandteil der Erbsünde sind. Sie folgt nämlich mit der Präzision eines Uhrwerks allen großen Freuden des Lebens. Niemand kann sich beispielsweise verlieben ohne geradezu in eine Orgie von Demut zu versinken. Alle gesunden, natürlich reagierenden Menschen – Schuljungen etwa – erfahren die Demut in dem Augenblick, in welchem sie jemanden als Helden und Vorbild verehren. Demut wiederum ist, wie sowohl ihre Befürworter wie ihre Gegner meinen, die besondere Frucht christlichen Lebens. Die wirkliche – und offen zutageliegende – Ursache hierfür geht oft verloren. Die Heiden betonten die Selbstbehauptung, da es ihrem Glauben wesentlich war, daß die Götter zwar stark und gerecht, doch auch geheimnisreich, launisch und gelegentlich gleichgültig waren. Zum Wesen des Christentums aber gehörte in buchstäblichem Sinn das Neue Testament – ein Bund mit Gott, der den Menschen eine klare Möglichkeit der Errettung öffnete. Sie fühlten sich sicher, sie erhoben Anspruch auf Himmelspaläste aus Perlen und Silber unter dem Eid und Siegel das Allmächtigen, sie glaubten sich reich mit einem unverbrüchlichen Segen, der sie über die Sterne erhöhte, und sogleich entdeckten sie die Demut. Nur ein weiteres Beispiel desselben unveränderlichen Paradoxons. Es sind immer die demütig, die ihrer selbst sicher sind.

Dieses besondere Beispiel überlebt in den Evangelisten der Straßenmissionen. Sie sind irritierend genug, doch niemand, der sie wirklich studiert hat, kann leugnen, daß die Irritation von zwei Dingen ausgelöst wird: ihrer irritierenden Fröhlichkeit und ihrer irritierenden Demut. Diese Verbindung von Heiterkeit und Selbsterniedrigung ist viel zu allgemein, als daß man darüber hinweggehen könnte. Wenn die Demut heutzutage als Tugend diskreditiert ist, so ist es nicht ganz uninteressant, zu bemerken, daß diese Verwerfung zur gleichen Zeit stattfand, als der große Zusammenbruch der Heiterkeit in der gegenwärtigen Literatur und Philosophie geschah. Die Menschen haben die Prächtigkeit griechischer Selbstbehauptung zur gleichen Zeit wiederentdeckt wie die Bitterkeit des griechischen Pessimismus. Es ist eine Literatur entstanden, die uns befiehlt, uns die Freiheit selbstgenügsamer Götter anzueignen, uns aber gleichzeitig den eigenen Zustand als den schäbiger Wahnsinniger vorhält, die man wie die Hunde anketten sollte. Insgesamt ein sehr seltsamer Zustand. Wenn wir wirklich glücklich sind, glauben wir, des Glücks nicht würdig zu sein. Doch wenn wir eine gottgleiche Emanzipation fordern, scheinen wir uns ganz sicher zu sein, daß wir nichtswürdig sind.

Die einzige Erklärung läßt sich in der Überzeugung finden, daß die Demut viel tiefere Wurzeln hat, als die moderne Menschheit meint – daß sie eine metaphysische und, so könnte man beinahe sagen, mathematische Tugend ist. Wahrscheinlich kann man dies am einfachsten an jenen überprüfen, die offen die Demut ablehnen und es als höchste Pflicht verkünden, daß man sein eigenes Selbst zu vervollkommnen und auszudrücken habe. Diese Menschen neigen auf ganz natürliche Weise dazu, ihre großen Begabungen an Kultur, Intellekt und moralischer Kraft zu hoher Vollkommenheit zu führen und nach und nach alles von sich auszuschließen, das sie als unter sich empfinden. Es ist nun schön und gut, etwas auszuschließen, aber daran hängt eine einfache Konsequenz – daß wir von allem, was wir ausschließen, wiederum selbst ausgeschlossen sind. Wenn wir dem Wind die Tür verschließen, könnte man ebensogut sagen, daß der Wind uns die Tür verschließt. Zu welchen Tugenden auch immer ein triumphaler Egoismus führen mag, niemand kann im Ernst behaupten, er führe zum Wissen. Einem Bettler die Tür zu weisen, mag schon in Ordnung sein, aber zu behaupten, man kenne all die Geschichten, die der Bettler erzählt haben könnte, ist blanker Unsinn; und das ist im Grund der Anspruch des Egoismus, der glaubt, die Selbstbehauptung führe zum Wissen. Ein Käfer mag tiefer stehen als der Mensch oder vielleicht auch nicht – das Problem harrt seiner Demonstration. Doch stünde er auch zehntausend Klafter tiefer, so bliebe die Tatsache, daß es wahrscheinlich eine Käferperspektive auf die Dinge der Welt gibt, die dem Menschen völlig unbekannt ist. Wenn er sich diesen Standpunkt vorstellen will, wird ihm das kaum gelingen, indem er sich ständig dazu beglückwünscht, daß er kein Käfer ist. Der brillanteste Vertreter der Schule des Egoismus, Nietzsche, hat mit tödlicher und aller Ehren werter Logik zugegeben, daß die Philosophie der Selbstzufriedenheit dazu führt, daß man auf die Schwachen, die Feigen und die Unwissenden hinabsieht. Auf Dinge hinabzusehen, mag eine herrliche Erfahrung sein, nur gibt es nichts, von einem Berg bis zu einem Kohlkopf, das man wirklich von einem Ballon aus *sehen* kann. Der Philosoph des Ich sieht zweifellos alles, aus einem hohen Himmel mit erlesen dünner Luft herab, nur sieht er alles verkürzt und deformiert.

Wenn wir uns nun einen Menschen vorstellen, der wirklich, soweit dies möglich ist, alles sehen will, wie es ist, dann würde der sicherlich nach einem anderen Prinzip vorgehen. Er würde sich für eine Weile von den persönlichen Eigenheiten freizumachen suchen, die ihn vom Gegenstand seines Studiums trennen. Es ist zum Beispiel schwierig für einen Menschen, einen Fisch zu untersuchen, ohne dabei eine gewisse Eitelkeit wegen des Besitzes zweier Beine zu entwickeln, als handele es sich dabei um eine modische Neuerwerbung. Doch will man einen Fisch annähernd verstehen, heißt es den physiologischen Dandysmus zu überwinden. Der gewissenhafte Erforscher der Fischmoral wird, geistig gesehen, sich die Beine abhauen. Ebenso wird der Vogelbeobachter seine Arme abtun, der Froschliebhaber mit einem Streich der Vorstellungskraft seine Zähne entfernen, und wer in das Hoffen und Fürchten einer Qualle eindringen will, wird seine persönliche Erscheinung in einem wirklich erschreckenden Maße vereinfachen. Es scheint also, als sei unser prächtiger Körper, auf den wir mit Recht stolz sind, mit all seinen natürliche Instinkten fast eine Belastung in dem Augenblick, in dem wir versuchen, die Dinge zu erkennen, wie es ihnen entspricht. Wir durchlaufen tatsächlich etwas wie einen Prozeß der mentalen Askese, wir erleben eine Kastration unseres ganzen Wesens, wenn wir die in allen Dingen reichlich vorhandene Güte zu erspüren suchen. Es tut uns gut, wenn wir zu gewissen Zeiten nur Fenster sind – klar, glänzend und unsichtbar.

In einem sehr unterhaltenden Werk, über das wir in unserer Kindheit viel gelacht haben, steht zu lesen, daß ein Punkt keine Teile und keine Ausdehnung besitzt. Demut ist die genußreiche Kunst, sich auf einen Punkt zu reduzieren, nicht zu einem kleinen oder großen Ding, sondern zu einem Ding ohne Ausdehnung, so daß im Verhältnis dazu alle kosmischen Dinge sind, was sie wirklich sind – unermeßlich. Daß die Bäume hoch sind und die Grashalme kurz, ist ein bloßer Zufall unserer eigenen Zollstöcke und Körper. Doch für den Geist, der einen Augenblick lang sein törichtes zeitliches Maß abgelegt hat, ist das Gras ein ewig dauernder Wald, in dem Drachen wohnen; die Steine auf der Straße sind wie unglaubliche Berge aufeinandergehäuft, die Löwenzahnblüten sind wie riesige Leuchtfeuer, die das Land ringsumher überstrahlen, und die Glockenblumen hängen wie Planeten in Sphären übereinander aufgereiht an ihren Stengeln. Zwischen einem Zaunstecken und dem nächsten liegt eine neue und furchtbare Landschaft – hier eine Wüste, nichts darin als ein einziger mißgestalter Fels, dort ein wunderbarer Wald, dessen Bäume alle an den Wipfeln mit den Farben des Sonnenuntergangs glühen, hier wiederum ein Meer mit Ungeheuern, von denen Dante nicht zu träumen gewagt hätte. Dies sind die Visionen dessen, der sich wie das Kind im Märchen nicht scheut, klein zu werden. Inzwischen wird der Weise, der sein Vertrauen in Größe und Ehrgeiz gesetzt hat, wie ein Riese größer und größer, was nur bedeutet, daß die Sterne kleiner und kleiner werden. Welt um Welt fällt vor ihm in die Bedeutungslosigkeit; das ganze leidenschaftliche und verzwickte Leben der gewöhnlichen Dinge entgeht ihm wie das Leben von Infusionstierchen einem Mann ohne Mikroskop. Er steigt durch öde Ewigkeiten immer weiter empor. Er mag neue Systeme entdecken, und sie vergessen; er mag neue Universen finden und sie verachten lernen. Doch die ragende, tropisch-üppige Vision der Dinge, wie sie wirklich sind – der riesigen Gänseblümchen, der den Himmel verzehrenden Löwenzahnblüten, die große Odyssee seltsam farbiger Ozeane und seltsam geformter Bäume, Staub wie von den Ruinen alter Tempel und Distelfäden wie erloschene Sterne – diese ganze gewaltige Vision wird erst mit dem Letzten der Demütigen untergehen.

VERTEIDIGUNG DES SLANG

Die Aristokraten des neunzehnten Jahrhunderts haben die einzige nützliche Eigenschaft, die sie je besessen hatten, selbst zerstört. Es ist das Geschäft der Aristokratie, ostentativ, aufdringlich und arrogant daherzukommen, aber nun ist ihre Ostentation unaufdringlich, und ihre Versuche, arrogant zu wirken, haben etwas Deprimierendes. Ihre hauptsächliche Pflicht bestand traditionell darin, die Buntheit, Lebhaftigkeit und Fülle der menschlichen Existenz weiterzuentwickeln – die Oligarchie war der Menschheit erstes Experiment in menschlicher Freiheit. Jetzt aber haben sie sich im Gegenteil »Anstand« und »Haltung« zu Idealen genommen, die man als Puritanismus ohne Religion definieren könnte. Der Anstand scheucht sie alle mit einem Schlag in schwarze Anzüge, als wäre eine Totenglocke erklungen. Sie kämpfen, wie die jungen Pfarrer in Gilberts Operette, einen Krieg der Milde, sie stehen geradezu in einem Wettbewerb um größte Unauffälligkeit. In alten Zeiten suchten die Herren der Welt vor allem anderen sich voneinander zu unterscheiden; mit diesem Ziel türmten sie monströse Bildzeichen auf ihren Helmen auf und malten lächerliche Farben auf ihre Schilde. Es war ihnen daran gelegen, unmißverständlich klarzustellen, daß ein Norfolk sich von, sagen wir, einem Argyll ebenso grundsätzlich unterschied wie ein weißer Löwe von einem schwarzen Schwein. Doch heutzutage ist ihr Ideal genau gegensätzlich, und wenn ein Norfolk und ein Argyll so einheitlich gekleidet wären, daß man sie miteinander verwechselte, dann würden beide in Freudensprüngen nach Hause ziehen.

Die Folgen sind unvermeidlich. Der Adel verliert seine Funktion, der Welt das Ideal von Fülle, Farbe und Experimentierfreude vorzustellen, und wir müssen all dies bei einer anderen Klasse suchen. Zu fragen, ob sich diese Dinge bei der Mittelklasse wohl finden ließen, hieße mit heiligen Dingen Scherz treiben. Wir sehen uns also zu dem Schluß gezwungen, daß wir uns an bestimmte Kreise der Unterklasse halten müssen, zum Beispiel hauptsächlich an die Omnibusschaffner mit ihrer üppigen, barocken Weltsicht, wenn wir nach Führergestalten auf dem Wege zu Freiheit und Licht Ausschau halten.

Die eine Quelle der Dichtung, die immerfort sprudelt, ist der Slang. Täglich erschafft ein namenloser Dichter ein kleines, komplexes, phantastisches Kunstwerk der Volkssprache. Nun kann man sagen, daß die gutsituierte, modische Welt genauso ihren eigenen Slang besitzt wie die demokratische – das stimmt, und es ist ein wichtiger Beweis für die hier vorgetragene These. Nichts ist nämlich frappierender als der Gegensatz zwischen dem schwerfälligen, formellen, leblosen Slang des fashionablen Müßiggängers und dem leichten, lebendigen und flexiblen Slang des Fischhändlers auf dem Markt. Die Unterhaltung der gebildeten Oberschichten ist so ziemlich das Form-, Ziel- und Hoffnungsloseste, was die Welt je an Sprache gehört hat. Wiederum wird klar, wie degeneriert die Oberklasse ist. Es liegen genügend Beweise vor, daß die alten Anführer feudaler Kriege sich bei Gelegenheit mit einer gewissen ihnen wie natürlichen Symbolik und Bildkraft auszudrücken wußten, die sie nicht aus Büchern hatten. Wenn Cyrano de Bergerac in Rostands Theaterstück sich fragt, ob Christian wirklich so stumpf und ungebildet sei, antwortet dieser:

> Bah! on trouve des mots quand on monte à l'assaut,
> Oui, j'ai un certain esprit facile et militaire –

und diese zwei Zeilen fassen eine Wahrheit der alten Oligarchen zusammen. Sie konnten keine drei lesbaren Briefe zustandebringen, aber sie sprachen manchmal reine Literatur. Als Douglas in seiner letzten Schlacht das Herz des Bruce voranschleuderte, rief er: »Du voran, du großes Herz, wie du stets gingst.« Ein spanischer Edelmann, dem der König befahl, einen in hohen Würden stehenden notorischen Verräter aufzunehmen, sprach: »Ich will ihn mit schuldigem Gehorsam empfangen und später dann mein Haus niederbrennen.« Das ist Literatur ohne Kultur; das ist die Rede von Männern, die der Überzeugung sind, daß es stolz die Poesie des Lebens zu vertreten gilt.

Wer jedoch in der Unterhaltung eines jungen Mannes aus dem zeitgenössischen Belgravia nach solchen Perlen suchte, dem steht viel Traurigkeit bevor. Es ist den Aristokraten nicht nur unmöglich, stolz die Poesie des Lebens zu vertreten, es ist ihnen in höherem Grade unmöglich als irgendjemandem sonst. Es gilt als geradezu vulgär für einen Adligen, sich seines alten Namens zu rühmen, der doch, denkt man einmal genauer nach, der einzige vernünftige Grund für die Existenz eines Adels ist. Wenn ein Mann auf der Straße mit grober, feudaler Rhetorik verkündete, er sei der Earl of Doncaster, würde man ihn als Irren verhaften. Sollte sich jedoch herausstellen, daß er wirklich der Earl of Doncaster ist, würde man ihn einfach schneiden als einen Rüpel ohne Komment. Von den Earls als von Repräsentanten einer Klasse ist keine Poesie zu erwarten. Der modische Slang ist kaum eine Sprache – er ist wie die ungestalten Schreie von Tieren, die in vagen Umrissen bestimmte unklare, wohlbekannte Gefühlszustände anzeigen. »Lasch«, »rasend«, »eklig«, »prima« und so weiter sind wie Wörter eines wilden Stammes, der nur über ein Vokabular von insgesamt zwanzig verfügt. Wenn ein Herr der Gesellschaft gegen irgendeinen Regelverstoß eines anderen Herrn der Gesellschaft protestieren möchte, wird seine Äußerung eine Reihe stereotyper Phrasen sein, leblos wie aufgereihte tote Fische. Ein Busschaffner jedoch (voll der Muse) würde einen Ausbruch anständiger literarischer Energie hinlegen: »Was für ein süßer kleiner Gentleman... Und die Stiefel richtig blank poliert, ja, da würd' ich mich an deiner Stelle mal gut drin anschauen... siehst toll aus in den geliehenen Klamotten... so ist's recht, steck dir die Zigarre ins Maul, daß ich dich nicht mehr sehn kann... und jetzt nimmt er sie wieder raus! Darfst du überhaupt schon rauchen? Na, ich laß gleich deine Mutti holen... Jetzt geht er! Ach lauf doch nicht weg, ich tu doch kleinen Tierchen nichts zuleide«, und so weiter und so fort. Es ist klar, daß diese Redeweise nicht nur literarisch, sondern literarisch im Sinn großer Komplexität und Künstlichkeit ist. Keats hat in keines seiner Sonette so viele entlegene Metaphern eingebaut wie ein Marktschreier in einen Fluch legt – seine Rede ist eine einzige lange Allegorie wie Spensers *Faerie Queene*.

Ich muß wohl nicht an Beispielen darlegen, daß diese poetische Anspielungstechnik das Wesen des wahren Slang darstellt. Ein Ausdruck wie »Keep your hair on« zu einem Aufgeregten gemahnt in seiner geheimnisvollen, vertrackten Umschreibungstechnik geradezu an den Stil Merediths. Die Amerikaner kennen den mittlerweile verbreiteten Ausdruck »swelled-head« als Bild für die Selbstzufriedenheit, und vor kurzem habe ich eine bemerkenswerte Erweiterung dieses Motivs gehört: Ein Amerikaner meinte, daß die Japaner nach ihren Siegen im Chinesischen Krieg »den Hut nur noch mit dem Schuhlöffel anziehen«. Das ist ein Denkmal für das wahre Wesen des Slang, das darin besteht, sich weiter und weiter von der ursprünglichen Vorstellung zu entfernen, die mehr und mehr zu einem beliebigen Ausgangspunkt wird. Das Ganze erinnert stark an die Literaturtheorie des Symbolismus.

Der wahre Grund dieses großen Aufschwungs in der Rhetorik der Unterklassen führt uns wieder zurück zum Beispiel der Aristokratie früherer Zeiten. Die unteren Klassen stehen im Krieg, einem mit Wörtern ausgetragenen Krieg. Ihre sprungbereite Kampfeslust ist das Erzeugnis desselben wilden Individualismus wie die Kampfbereitschaft der alten fechtenden Oligarchen. Jeder Kutscher muß sogleich bereit sein, seine Zunge einzusetzen, so wie jeder Gentleman des vorigen Jahrhunderts bereit sein mußte, den Degen zu ziehen. Man mag es beklagen, daß die Poesie, die sich so entwickelt, eine rein groteske ist. Doch da die oberen Klassen der Gesellschaft ihrem Recht, mit heroischer Beredsamkeit sich zu äußern, so völlig entsagt haben, ist es kein Wunder, daß die Sprache selbst sich in die Richtung einer grobschlächtigen, vulgären Eloquenz entwickelt. Die Hauptsache bleibt, daß jemand daran arbeiten muß, einer Sprache immer neue Symbole und Umschreibungen hinzuzufügen.

Aller Slang ist metaphorisch; jede Metapher ist Poesie. Wenn wir einen Moment innehielten und den billigsten Höflichkeitsphrasen nachlauschen würden, welche über unsere Lippen kommen, dann würden wir entdecken, daß sie reich und bildkräftig sind wie Gedichte. Ein einziges Beispiel: Man spricht im Englischen bei einer gesellschaftlichen Annäherung von »breaking the ice«: Schließlich wird das Eis der Konvention gebrochen. Würde man dies zu einem Sonett erweitern, so hätten wir ein düster-sublimes Bild vor uns: Ein Ozean auss ewigem Eis, düsterer und rätselhafter Spiegel der Natur des Nordens, über den die Menschen leichtfüßig hinweggehen – tanzend, schlittschuhlaufend, unter dem aber die lebenden Gewässer viele Faden tief brüllen und tosen. Die Welt des Slang ist eine bizarre Spiegelwelt der Poesie, voll blauer Montage und bunter Hunde, voll von Leuten, die den Kopf verlieren und in der Tinte sitzen – ein ganzes Chaos aus neuen Märchen.

VERTEIDIGUNG
DER KINDLICHKEIT

Die beiden Umstände, durch welche sich fast jeder normale Mensch zu Kindern hingezogen fühlt, sind einmal, daß sie sehr ernsthaft sind, zum zweiten, daß sie infolgedessen sehr glücklich sind. Sie sind froh, so vollständig froh, wie man es nur ohne Humor sein kann. Die unergründlichsten Lehrer und Weisen haben es nie zu solch einem tiefen Ernst gebracht, wie er in den Augen eines drei Monate alten Babys steht. Es ist der Ernst des Staunens über das Universum, und vor dem Universum zu erstaunen ist nicht Mystik, sondern die transzendente Form des gesunden Menschenverstandes. Darin liegt das Faszinierende am Kinde, daß mit jedem Kind alle Dinge neugeschaffen werden und das Universum sich von neuem bewähren muß. Wenn wir durch die Straßen gehen und unter uns diese herrlich kugeligen Köpfe erblicken, dreimal zu groß für den Körper, die jene kleinen Menschenpilze bezeichnen, sollten wir vor allem dessen eingedenk sein, daß in jedem dieser Köpfe ein neues Universum ist, so neu wie am siebten Schöpfungstag. In jeder dieser Kugeln findet sich ein neuer Gestirnhimmel, neues Gras, neue Städte, ein neues Meer.

Für das gesunde Bewußtsein gibt es immer die geheime Ahnung, daß uns die Religion eher das Hinabgraben lehrt als das In-die-Höhe-Steigen. Sie lehrt, daß wir alles verstehen würden, könnten wir die einfachste Erdkrume begreifen. Ähnlich ist das Gefühl, daß es, könnten wir mit einem Schlag die Gewohnheit ganz zerstören und die Sterne sehen, wie ein Kind sie sieht, keiner andern Apokalypse mehr bedürfte. Das ist die große Wahrheit hinter den Formen der sentimentalen

Kindesanbetung, und sie wird diese Verehrung bis zum Ende stützen. Die erwachsene Reife mit ihren endlosen Energien und Sehnsüchten läßt sich stets leicht dazu überreden, daß es neue schätzenswerte Dinge zu entdecken gibt, doch nie wird man sie im Grunde dazu überreden können, das, was sie schon hat, auch wirklich zu schätzen. Wir können zum Firmament hinaufsteigen und unzählige neue Sterne finden, aber es gibt immer noch jenen einen Stern, den wir nicht gefunden haben – den, auf welchem wir geboren wurden.

Der Einfluß der Kinder geht jedoch tiefer als in dieser ersten kleinen Anstrengung, Himmel und Erde neu zu machen. Er zwingt uns tatsächlich, unser ganzes Benehmen neu zu ordnen und in Übereinstimmung mit dieser revolutionären Theorie zu bringen, daß alles wunderbar ist. Wir erkennen tatsächlich (selbst wenn wir vollkommen töricht oder unwissend sind), daß es wunderbar ist, wenn ein Kind spricht, wunderbar, wenn es geht, wunderbar, wenn es gewöhnliche Verstandeskräfte zeigt. Der Zyniker glaubt, hier zu obsiegen – lachen zu können, wenn er nachweist, daß die Worte oder Kapriolen des Kindes, welche seine Verehrer so bewundern, ganz gewöhnlich sind. Tatsächlich zeigt es sich genau hier, worin die Kindesverehrung zutiefst recht hat. Jegliches Wort, jegliche Bewegung eines Lehmklumpens ist wunderbar, die Worte und Bewegungen des Kindes sind wunderbar, und fairerweise muß man sagen, daß die Worte und Kapriolen des zynischen Philosophen ebenso wunderbar sind.

In Wahrheit ist unsere Haltung Kindern gegenüber richtig und unsere Haltung gegenüber Erwachsenen falsch. Die uns dem Alter nach Gleichgestellten behandeln wir mit serviler Feierlichkeit, die ein beträchtliches Maß an Gleichgültigkeit oder Widerwillen verdeckt. Kindern gegenüber zeigen wir

Herablassung und Großzügigkeit, und darunter liegt unergründlicher Respekt. Wir verbeugen uns vor Erwachsenen, ziehen vor ihnen den Hut, widersprechen ihnen nicht allzu direkt, doch wir wissen sie nicht eigentlich zu schätzen. Aus Kindern machen wir Marionetten, halten ihnen belehrende Vorträge, ziehen sie am Haar, und verehren, lieben und fürchten sie. Wenn wir an reifen Menschen etwas verehren, so sind es ihre Tugenden oder ihre Weisheit, und das geht leicht. Doch an Kindern verehren wir die Fehler und Torheiten.

Wir kämen der wahren Verfassung der Dinge wahrscheinlich erheblich näher, wenn wir alle Erwachsenen, gleich welchen Typs und mit welchem Titel, mit eben jener obskuren Zuneigung und jener Haltung wie betäubten Respekts behandelten, mit denen wir den kindlichen Begrenztheiten begegnen. Ein Kind hat Schwierigkeiten damit, das Wunder des Sprechens zu vollbringen, so daß wir seine Fehler fast so herrlich finden wie seine Genauigkeit. Würden wir nur dieselbe Haltung Premierministern und Finanzministern gegenüber einnehmen, würden wir freundlich ihre stammelnden, entzückenden Versuche, sich in Menschensprache auszudrücken, ermutigen, dann wären wir weiser und toleranter. Kinder haben die Gabe, auf ihrem Weg ins Leben allerlei Experimente anzustellen, die generell gesunden Motiven entspringen, aber oft für das häusliche Gemeinwesen unerträglich sind. Würden wir nur alle Finanzpiraten und ungebärdigen Tyrannen in gleicher Weise behandeln, würden wir ihre Brutalitäten sanft tadeln als recht merkwürdige Fehler ihrer Lebensführung, würden wir ihnen einfach erklären, sie würden's »dann verstehen, wenn sie einmal älter sind«, so würden wir wahrscheinlich die beste und vernichtendste Haltung den Schwächen der Menschen gegenüber gefunden haben. In unserem Umgang mit Kindern beweisen wir, wie vollkommen richtig das Paradoxon ist, daß wir eine Amnestie für alle Missetaten, deren Großzügigkeit schon an Verachtung grenzt, mit einer Verehrung verbinden, die beinahe Züge des Entsetzens hat. Wir verzeihen Kindern mit derselben Art blasphemischer Sanftheit, mit der Omar Khayyam dem Allmächtigen verzieh.

Das wesentlich Richtige an unserer Einschätzung der Kinder liegt darin, daß wir sie und ihre Verhaltensweisen als übernatürlich empfinden, während wir aus einem seltsamen Grund uns selbst – und unsere Verhaltensweisen – nicht als übernatürlich betrachten. Daß Kinder so klein sind, macht es gerade möglich, sie als Wunder anzusehen – als hätten wir es mit einer neuen Rasse zu tun, die man nur mit dem Vergrößerungsglas richtig erkennen kann. Ich glaube nicht, daß irgendjemand mit auch nur ein wenig Phantasie oder Zartgefühl die Hand eines Kindes sehen kann, ohne ein wenig Angst vor ihr zu haben. Es hat etwas Furchtbares, zu denken, daß sich die menschliche Wesensenergie in einem so kleinen Ding regt – als könne die Menschennatur in einem Schmetterlingsflügel oder dem Blatt eines Baumes leben. Wenn wir Leben sehen, die so menschlich und doch so klein sind, kommt es uns vor, als wären wir selbst zu einer peinlich großen Gestalt aufgewachsen. Wir empfinden vor diesen Wesen ein Gefühl der Verpflichtung, wie eine Gottheit es verspüren könnte, die etwas geschaffen hat, das sie nicht versteht.

Doch der komische Anblick von kleinen Kindern ist vielleicht das liebenswerteste aller Bänder, die den Kosmos zusammenhalten. Ihre kopflastige Würde ist rührender als jede Demut; ihre feierliche Ernsthaftigkeit gibt uns für alle Dinge mehr Hoffnung als tausend Jubelfeste des Optimismus; ihre großen glänzenden Augen scheinen in ihrem Erstaunen alle Sterne zu enthalten; das faszinierende Fehlen der Nasen in ihren Gesichtern scheint uns den deutlichsten Hinweis auf den Humor zu geben, der uns im Himmelreich erwartet.

VERTEIDIGUNG DER DETEKTIVGESCHICHTE

Versucht man, auf den wahren psychologischen Grund für die Beliebtheit von Detektivgeschichten zu kommen, muß man zunächst mit einer Reihe von Vorurteilen aufräumen. So ist es beispielsweise nicht richtig, daß der Großteil der Bevölkerung schlechte Literatur der guten vorzieht und Detektivgeschichten mag, weil sie schlecht geschrieben sind. Die bloße Tatsache, daß ihm die künstlerische Subtilität fehlt, macht ein Buch noch nicht beliebt. Kursbücher enthalten recht wenig Perlen feinen Humors, und doch liest man sie nicht in fröhlichem Kreise an Winterabenden vor. Wenn Detektivgeschichten mit mehr Begeisterung gelesen werden als Fahrpläne, dann sicher deshalb, weil sie kunstvoller sind. Viele gute Bücher waren glücklicherweise allgemein beliebt; viele schlechte Bücher – mit noch mehr Betonung möchte man sagen: glücklicherweise – unpopulär. Eine gute Detektivgeschichte wäre wohl noch populärer als eine schlechte. Das Problem liegt hier darin, daß es vielen Leuten nicht klar ist, daß es so etwas wie eine gute Detektivgeschichte überhaupt gibt; für sie ist dies, wie wenn man von einem guten Teufel redete. Eine Geschichte über einen Raub zu schreiben gilt ihnen soviel, wie geistig diesen Raub zu begehen. Für Personen von etwas schwächlicher Empfindungskraft liegt diese Auffassung recht nahe; man muß auch zugeben, daß viele Detektivgeschichten so voll von spektakulären Verbrechen sind wie ein Stück von Shakespeare.

Es gibt jedoch zwischen einer guten Detektivgeschichte und einer schlechten einen ebensogroßen – oder besser, noch größeren – Unterschied wie zwischen einem guten

Epos und einem schlechten. Nicht nur ist die Detektivgeschichte eine vollkommen legitime Kunstform, sie besitzt auch bestimmte klar zutageliegende und genau zu bestimmende Vorteile als Einfluß auf das Gemeinwesen.

Der erste wesentliche Wert der Detektivgeschichte liegt darin, daß sie die früheste und bis jetzt einzige Form volkstümlicher Literatur ist, in welcher sich ein gewisser Sinn für den poetischen Gehalt des modernen Lebens ausdrückt. Die Menschen haben lange Zeitalter hindurch zwischen mächtigen Gebirgen und ewigen Wäldern gewohnt, bevor ihnen aufging, daß diese Landschaften poetisch waren; es scheint ein vernünftiger Schluß, daß manche unserer Nachfahren die Schornsteine in ebensolchem Purpurrot aufragen sehen werden wie die Bergesgipfel, und die Laternenpfähle als so alt und natürlich anschauen wie die Bäume. Für diese Erkenntnis der Großstadt selbst als eines Wilden und Archaisch-Natürlichen hat sicherlich die Detektivgeschichte die Ilias geschrieben. Es kann niemand entgangen sein, daß in diesen Geschichten der Held oder der Detektiv bei seinen Nachforschungen London in einer Stimmung, einer Haltung durchquert, die der Einsamkeit und Freiheit eines Prinzen in einem Zauberwald entsprechen, daß auf dieser unberechenbaren Fahrt der beiläufig bestiegene Omnibus in den grellen alten Farben eines Feenschiffs leuchtet. Die Lichter der großen Stadt beginnen zu glühen wie die Augen unzähliger schatzhortender Kobolde, denn sie sind die Wächter eines Geheimnisses – sei es auch noch so grobschlächtig zurechtgezimmert –, das der Autor kennt und der Leser nicht kennt. Jede Biegung der Straße weist wie ein Finger darauf; jede phantastische Silhouette aus Dächern und Kaminen scheint mit wilden Hohngesten die Bedeutung des Geheimnisses zu signalisieren.

Die Poesie Londons erfaßt zu haben ist nichts Geringes. Eine Stadt ist, streng genommen, poetischer als selbst eine Landschaft, denn während die Natur ein Chaos unbewußter Kräfte ist, ist die Stadt ein Chaos von bewußten. Die Blüte der Pflanze, das Muster der Flechten an einem Baum mögen ein bedeutsames Symbol sein oder auch nicht – doch es gibt keinen Pflasterstein auf der Straße, keinen Ziegel in der Mauer des Hauses, der nicht ein absichtlich geschaffenes Symbol wäre, eine Botschaft eines Menschen ebenso wie ein Telegramm oder eine Postkarte. Die schmalste Straße noch enthält in jeder Krümmung, jedem Winkel die Absicht und die Seele des Erbauers, der vielleicht schon längst begraben liegt. Auf jedem Backstein ist eine menschliche Hieroglyphe erkennbar, als sei er ein mit Schriftzeichen übersäter Backstein aus dem alten Babylon; jeder Schieferziegel auf dem Dach ist ein so lehrreiches Dokument wie eine Schiefertafel, auf der ein Kind Addieren und Subtrahieren geübt hat. Was immer – selbst in der phantastischen Form der von Sherlock Holmes entdeckten winzigen Spuren – diese Romantik der Details einer Zivilisation bekräftigt, was diesen unergründlich menschlichen Charakter von Stein und Dachziegel hervorhebt, ist gut und wichtig. Es ist gut, daß der gewöhnliche Mann auf der Straße sich angewöhnt, die Gesichter von zehn Leuten auf der Straße aufmerksam und voll Phantasie zu mustern, sei es auch nur deshalb, weil der elfte ein langgesuchter Dieb sein könnte. Wir mögen davon träumen, daß es vielleicht möglich wäre, eine andere, höhere Romantik Londons zu entwickeln, daß die Seelen der Menschen seltsamere Abenteuer durchlaufen als ihre Körper und daß es schwieriger und erregender sein könnte, ihren Tugenden als ihren Verbrechen nachzujagen. Doch da unsere großen Autoren (mit der ehrenvollen Ausnahme von Robert Louis Stevenson) es ablehnen, über den erregenden Augenblick, die erregende Stimmung zu schreiben, wenn die Augen der großen Stadt wie die Augen einer Katze im Dunkel zu flammen beginnen, müssen wir uns bei der populären Literatur gebührend bedanken, die inmitten des Geplappers der Pedanten und Schönschreiber es ablehnt, die Gegenwart als prosaisch zu betrachten oder das Alltägliche als gewöhnlich. Die volkstümliche Kunst war zu allen Zeiten an den zeitgenössischen Sitten und Moden interessiert – sie kleidete die Gruppen um die Kreuzigung in die Gewänder florentinischer Adliger oder flämischer Städter. Im letzten Jahrhundert gaben bedeutende Schauspieler stets den Macbeth in gepuderter Perücke und Spitzenjabot. Wie weit wir selbst in unserer Zeit entfernt sind von einer solchen Überzeugung, daß unser eigenes Leben dichterische Kraft besitzt, läßt sich leicht vorstellen, wenn man an ein Historiengemälde denkt, das König Alfred in modernen Knickerbockern zeigte, oder eine Inszenierung des *Hamlet,* wo der Prinz in einem Trauerfrack mit unflortem Zylinder auftritt. Doch die Neigung unseres Zeitalters, zurückzuschauen – wie Lots Weib –, konnte nicht ewig dauern. Eine rohe, volkstümliche Literatur über die romantischen Möglichkeiten der modernen Stadt mußte erstehen. Sie ist in den verbreiteten Detektivgeschichten erstanden, die so rauh und erfrischend sind wie die Balladen von Robin Hood.

Doch tun die Detektivgeschichten noch ein anderes gutes Werk. Während der Alte Adam ständig dazu neigt, sich gegen etwas so Allgemeines und Automatisches wie die moderne Zivilisation aufzulehnen und Abweichung und Rebellion zu predigen, erhält uns der Roman der Polizeiarbeit in gewissem Sinne das Gefühl dafür, daß die Zivilisation selbst die dramatischste Abweichung, die romantischste aller

Rebellionen ist. Indem sich diese Literatur mit den schlaflosen Wachtposten auf den Vorposten der Gesellschaft befaßt, erinnert sie uns daran, daß wir in einem bewaffneten Lager leben und gegen eine chaotische Welt Krieg führen müssen, daß die Verbrecher, die Kinder des Chaos, Verräter in unseren eigenen Reihen sind. Wenn der Detektiv in einer solchen romantischen Polizeigeschichte allein und ein wenig lachhaft in seiner Furchtlosigkeit vor den Messern und Fäusten einer Diebeshöhle steht, dann sollte uns das gewiß daran erinnern, daß der Vertreter gesellschaftlicher Gerechtigkeit die originelle und poetische Gestalt abgibt, während die Einbrecher und Straßenräuber bloß selbstzufriedene Konservative sind, glücklich, einer uralten Welt respektabler Affen und Wölfe anzugehören. Die Romantik der Polizei ist so der Roman der Menschheit. Dahinter steht die Tatsache, daß Moral die dunkelste, verwegenste Verschwörung ist. Wir werden daran erinnert, daß die ganze lautlose und unbemerkte Polizeiorganisation, die uns regiert und schützt, nur in erfolgreicher Form die romantische Existenz des fahrenden Ritters wiederholt, der die Bösen straft und die Schwachen behütet.

VERTEIDIGUNG
DES PATRIOTISMUS

Der Verfall des Patriotismus in England in den letzten ein, zwei Jahren ist eine bedrückend ernste Angelegenheit. Nur als Folge eines solchen Verfalls ist es möglich, daß die gegenwärtige Lust nach fremdem Territorium mit der alten Liebe zum eigenen Land verwechselt werden konnte. Man mag sich vorstellen, daß zu einer Zeit, wo es auf der ganzen Welt kein Liebespaar mehr geben wird, das ganze Vokabular der Liebe umstandslos auf das niedrigste und völlig automatische Begehren übergeht. Wenn nichts an ritterlicher und reinigender Leidenschaft mehr existierte, gäbe es niemand mehr, der es aussprechen könnte, daß der Lust alle Kennzeichen der Liebe fehlen, daß Lust blind ist und Liebe wachsam, daß Lust sich stillt und Liebe unersättlich ist. So ist es auch mit der »Liebe zum Gemeinwesen«, jener hohen und altehrwürdigen intellektuellen Leidenschaft, die mit rotem Blut auf derselben Tafel verzeichnet steht wie die ursprünglichsten Leidenschaften unseres Wesens. Von allen Seiten hört man heute von Vaterlandsliebe reden, und doch muß sich einer, der buchstäblich eine solche Liebe empfindet, von diesem Gerede verwirrt fühlen wie jemand, der von allen hört, tags scheine der Mond und die Sonne bei Nacht. Er muß schließlich zu der Überzeugung kommen, daß diese anderen nicht wissen, was das Wort »Liebe« bedeutet, daß sie mit der Vaterlandsliebe etwas meinen, was nicht mit der Gottesliebe der Mystik vergleichbar wäre, sondern nur mit dem, was ein Kind sagen will, das verkündet, es liebe Erdbeermarmelade. Für jemand, der sein Vaterland liebt, ist zum Beispiel unsere prahlerisch verkün-

104

dete Gleichgültigkeit den ethischen Fragen eines nationalen Krieges gegenüber nur noch geheimnisvolles Geschwätz. Es ist, als teile man einem Mann mit, ein Knabe hätte einen Mord begangen, aber er solle sich beruhigen, es sei sein Sohn. Hier wird nun sicherlich das Wort »Liebe« in bedeutungsloser Weise gebraucht. Es gehört zum Wesen der Liebe, empfindsam zu sein, gehört zu ihrem Verhängnis, und wer sich gegen solche Empfindsamkeit sträubt, muß auch auf die Liebe verzichten. Diese Empfindsamkeit, die sich manchmal zu beinahe morbider Empfindlichkeit erhebt, war das Zeichen aller großen Liebenden wie Dante und aller großen Patrioten wie Chatham. »*My country, right or wrong*« – das würde ein Patriot nur unter verzweifelten Umständen sagen. Es ist, als sagte man: »Meine Mutter, ob nun besoffen oder nüchtern.« Zweifellos würde ein anständiger Mann, dessen Mutter dem Trunk verfällt, sich ohne Vorbehalt auf ihre Seite stellen, doch zu reden, als wäre es ihm eine Angelegenheit fröhlicher Gleichgültigkeit, ob sich seine Mutter nun betrinkt oder nicht, das ist sicher nicht die Sprache jener, die das große Geheimnis kennen.

Was uns wirklich nottut zur Hemmung und Niederwerfung dieses tauben und lärmenden Chauvinismus, ist ein Wiederaufblühen der Liebe zum eigenen Land. Wenn das eintritt, wird all das schrille Geschrei plötzlich verstummen. Denn das erste von allen Zeichen der Liebe ist der Ernst: Die Liebe begnügt sich nicht mit aufgeblähten Bulletins von der Front oder dem leeren Sieg der Phrase. Sie wird stets den offenherzigsten Ratgeber am meisten zu schätzen wissen. Die Liebe wird vom untrüglichen Magnetismus des qualvollen Schmerzes zur Wahrheit gezogen; der Liebende hat keine Freude daran, zehn Ärzte mit brüllendem Optimismus um eine Totenbahre tanzen zu sehen.

So müssen wir uns nun fragen, wie es kommt, daß jene Bewegung in England, die vielen als neue Blüte des Patriotismus erschienen ist, für uns keines der Merkmale des Patriotismus trägt – zumindest nicht des Patriotismus in seiner höchsten Form. Warum bezieht sich die Verehrung unserer Patrioten stets auf Eigenschaften und Gegenstände, welche in sich vielleicht gut, doch vergleichsweise trivial und materiell sind – Handel, physische Kraft, ein Gefecht an einer fernen Grenze, ein Streit in einem fernen Kontinent? Kolonien sind etwas, worauf man stolz sein kann, doch wenn ein Land nur stolz ist auf seinen fernen Besitz, ist es wie ein Mensch, der einzig auf seine Extremitäten stolz ist. Warum gibt es keinen zentralen Patriotismus, einen Patriotismus des Kopfes und des Herzens des Empire, nur den seiner Fäuste und Stiefel? Ein roher athenischer Matrose mag sich durchaus gedacht haben, der Ruhm Athens läge darin, daß mit ganz besonderen Rudern gerudert würde, oder daß man einen beträchtlichen Knoblauchvorrat an Bord hätte, doch Perikles sah darin nicht den Ruhm Athens. Bei uns jedoch gibt es überhaupt keinen Unterschied zwischen dem Patriotismus, den Mr. Joseph Chamberlain im Unterhaus predigt und dem, den Mr. Pat Rafferty verkündet, der im Variété das Liedchen singt *What do you think of the Irish now?* Beides sind aufrichtige, einfältige, vulgäre Preislieder auf Trivialitäten und Gemeinplätze.

Ich habe – zu Recht oder zu Unrecht – eine bestimmte Vorstellung von der hauptsächlichen Ursache dieser Kleinkariertheit des heutigen englischen Patriotismus, und ich will sie zu erläutern versuchen. Allgemein wird man annehmen können, daß ein Mensch seinen eigenen Stamm und seine Umgebung liebt und etwas an ihnen findet, das ihm lobenswert erscheint. Doch ob es das Löblichste ist oder nicht, wird von den Informationen des Betreffenden abhängen. Wenn der Sohn von, meinetwegen, Thackeray in völliger Unkenntnis des Ruhms und des Genies seines Vaters erzogen worden wäre, so ist es nicht unwahrscheinlich, daß es ihm mit Stolz erfüllt hätte, daß sein Vater über sechs Fuß groß war. Und es scheint mir, daß wir uns als Nation genau in der Lage dieses hypothetischen Sprößlings von Thackeray befinden. Wir suchen die Gründe für unseren Patriotismus im groben und frivolen Dingen, einfach deshalb, weil wir das einzige Volk der Welt sind, das in der Kindheit über seine eigene Literatur und Geschichte nichts lernt.

Wir sind als Nation in der wahrlich einzigartigen Lage, unsere eigenen Verdienste nicht zu kennen. Wir haben in der Universalgeschichte des Denkens und Empfindens eine große und prächtige Rolle gespielt; wir standen in der ersten Reihe jene ewigen Schlacht ohne Blutvergießen, deren Schläge nicht töten, sondern erschaffen. In der Malerei und der Musik sind wir vielen anderen Nationen unterlegen, doch in Literatur, Wissenschaft, Philosophie und öffentlicher Beredsamkeit können wir uns, nimmt man die Geschichte insgesamt, mit allen messen. All dieses reiche Erbe geistigen Ruhms wird aber unseren Schuljungen wie eine Ketzerei vorenthalten, und man läßt sie mit jenem stumpfen, infantilen Patriotismus leben und sterben, den sie anhand einer Schachtel Zinnsoldaten gelernt haben. An einer Schachtel Zinnsoldaten ist nichts Schlimmes; wir erwarten nicht, daß Kinder ebenso begeistert mit einer schönen Schachtel Zinnphilanthropen spielten. Doch schlimm ist die Tatsache, daß der höhere, zivilisierte Ruhm Englands dem sich weitenden Bewußtsein nicht vorgeführt wird. Ein französischer Junge lernt den Ruhm Molières ebenso kennen wie den Turennes; ein deutscher Junge hört von der Größe seiner eigenen

Nationalphilosophie, ehe er von der Philosophie der Antike erfährt. Deshalb ist der französische Patriotismus oft verrückt und prahlerisch, der deutsche Patriotismus oft eng und pedantisch, doch beide sind nicht bloß stur, gewöhnlich und brutal, wie dies so oft das seltsame Schicksal der Nation von Bacon und Locke ist. Es ist unter den Umständen ganz natürlich und selbst berechtigt – ein Engländer muß England um einer Sache willen lieben und preist deshalb den Handel oder den Boxsport wie ein Deutscher vielleicht die Musik oder ein Flame die Malerei, weil er tatsächlich glaubt, das sei das Hauptverdienst seines Vaterlandes. Es wäre kaum überraschend, wenn der Anspruch, Provinzen verschlungen und Prinzen entthront zu haben, die vorzügliche Prahlerei eines Zulu wäre. Das Überraschende ist es, daß es der größte Stolz eines Volkes ist, das auf Shakespeare, Newton, Burke und Darwin stolz sein dürfte.

Der eigenartige Mangel jeglicher Großzügigkeit oder Feinsinnigkeit, den der gegenwärtige englische Nationalismus zeigt, kann wohl keinen anderen Grund haben als die einzigartige Vernachlässigung der Nationalliteratur in unserer Erziehung. Ein Engländer könnte nicht so töricht sein, andere Nationen zu verachten, wenn er einmal gelernt hätte, wieviel England für sie getan hat. Große Schriftsteller kommen nicht darum herum, human und universell zu denken. Daß an unseren Schulen die englische Literatur nicht unterrichtet wird, ist, wenn man es bedenkt, eigentlich eine erstaunliche Sache. Noch erstaunlicher wird sie, wenn man sich die Argumente anhört, die Rektoren und andere Konservative aus dem Erziehungsbereich gegen den direkten Englischunterricht vorbringen. Es heißt zum Beispiel, ein großer Teil der englischen Grammatik und Literatur ließe sich während des Latein- und Griechischunterrichts vermitteln. Das ist durchaus wahr, doch die bizarre Umkehrungs-logik, welche dieser Idee zugrundeliegt, scheint niemand auf-zufallen. Es ist, als sagte man, ein Kind lernte nebenbei Lau-fen, indem man es lehrt, Sprünge zu machen, oder daß ein Franzose die deutsche Sprache meistert, indem er einem Preußen hilft, Suaheli zu lernen. Sicher ist doch die plausi-belste Fundierung aller Erziehung die Sprache, in welcher die Erziehung stattfindet; wenn ein Junge nur eines zu lernen Zeit hat, dann am besten dies.

Wir haben absichtlich dieses große Erbe hoher nationaler Empfindung vernachlässigt. Wir haben aus unseren Public Schools die stärksten Barrikaden gegen jede Erwähnung von Englands Ruhm gemacht. Und wir haben unsere Strafe mit der merkwürdigen, perversen Tatsache erhalten, daß eine einheitsstiftende patriotische Vision Horden von brutalen Wilden oder schäbige Spießbürger adeln und das Beste in ihrem Leben sein kann, und daß wir, die wir – die Welt soll hier rechten – jeder für sich human, ehrlich und ernsthaft sind, einen Patriotismus haben, der in unserem Leben das Schlimmste ist. Was haben wir getan, wohin haben wir uns verlaufen, wir, die wir Weise hervorgebracht haben, die mit Sokrates, Dichter, die mit Dante im Gespräch hätten wan-deln können, daß wir nun daherreden, als hätten wir nie etwas anderes vollbracht, als Kolonien zu gründen und Nig-ger in den Hintern zu treten? Wir sind die Kinder des Lichts, und wir sind es, die in der Finsternis sitzen. Wenn wir gerich-tet werden, dann nicht wegen des bloß intellektuellen Ver-gehens, daß wir andere Nationen nicht zu schätzen wußten, sondern wegen des unerhörten spirituellen Vergehens, daß wir uns selbst nicht zu schätzen wußten.

COTTA'S BIBLIOTHEK DER MODERNE

COTTA'S BIBLIOTHEK DER MODERNE